关于高考数学的
若干研究

李伟 陈洪 ○ 著

西南交通大学出版社
·成都·

图书在版编目（CIP）数据

关于高考数学的若干研究 / 李伟，陈洪著. —成都：
西南交通大学出版社，2022.8
ISBN 978-7-5643-8781-5

Ⅰ. ①关… Ⅱ. ①李… ②陈… Ⅲ. ①中学数学课–
高考–命题–研究 Ⅳ. ①G633.602

中国版本图书馆 CIP 数据核字（2022）第 129807 号

Guanyu Gaokao Shuxue de Ruogan Yanjiu

关于高考数学的若干研究

李 伟　陈 洪　著

责 任 编 辑	刘　昕
封 面 设 计	何东琳设计工作室
出 版 发 行	西南交通大学出版社 （四川省成都市金牛区二环路北一段 111 号 　西南交通大学创新大厦 21 楼）
发行部电话	028-87600564　028-87600533
邮 政 编 码	610031
网　　　址	http://www.xnjdcbs.com
印　　　刷	成都蜀通印务有限责任公司
成 品 尺 寸	185 mm × 260 mm
印　　　张	11.25
字　　　数	259 千
版　　　次	2022 年 8 月第 1 版
印　　　次	2022 年 8 月第 1 次
书　　　号	ISBN 978-7-5643-8781-5
定　　　价	36.00 元

图书如有印装质量问题　本社负责退换
版权所有　盗版必究　举报电话：028-87600562

序 Foreword

  2011年10月，我正式就任资中二中校长一职。在此之前，我先后在成都八中、四川大学、上海市建平中学、南京师范大学、南京师大附中、西南财经大学工作学习，并担任上海市建平中学教科所副所长、南京师大附中副校长等职。追寻教育之道，追逐教育梦想，三十余年不辍。

  作为校长，我经常巡课、听课，特别是高中数学课，尤其是高三数学课，发现不少数学教师的数学修养和教学水平亟待提高。有的教师，往往用机械训练的方法，磨灭了学生的数学兴趣；有的教师，在平凡的数学现象背后，看不到深刻的数学本质；有的教师，既不研究数学，也不研究教学，更不研究学生，缺乏源自内心的成就动机。尽管我校历年高考成绩不错，但数学成绩不尽如人意，难为资中翘楚，更不能领跑内江。我希望能改变这种状况。

  在三十多年的教学与研究实践中，我深切地感受到，数学教育靠数学科学提供素材，教师在创造性的教育实践过程中，需要把这些素材转化成教育形态的数学，实现数学教育的目标。教师自身对数学的感悟和理解，把数学教育的素材进行改造与优化的能力，将极大地影响数学教育目标的达成度，也将极大地影响教师自身的专业发展水平。数学教师应从数学出发研究数学教育，达成提升对数学的感悟和理解、改进数学知识的呈现方式、用知识的厚度化解技巧的难度、引导学生进行研究性学习这四个方面的目标。

  基于以上认知，对高中数学教师而言，进行高中数学的教学研究，进行高考数学的试题研究，提高自身的数学修养和教学水平，提高学生的学习兴趣和高考成绩，应该成为刻不容缓的自觉行动。自2014年6月以来，我对高中数学与高考数学进行了系统的梳理，编印讲义，先后给2015—2022届毕业班优尖生开设讲座，效果良好，并就讲座内容与资中二中的夏文忠老师、资中县教研室的杨正义老师和上海市建平中学的徐程老师多次交流，达成诸多共识。《关于高考数学的若干研究》，就是整理讲义汇编而成。同时，也希望通过本书的写作，示范校本研究与行动研究，不求高大上，但求接地气，能解决教学中的实际问题。

众所周知，对数学科学的教育价值，早有系统研究，论著浩如烟海。但解剖式地研究数学教学中的具体问题以揭示其价值，反映教师对数学的感悟和理解，进而影响学生，给他们留下数学烙印，目前尚不多见。这可看作本书的创新之点，是一项有意义的工作。

高中数学的教学内容应是学生终生受用的知识，同时适合不同个体的发展需求。在教学中，要注重不同数学内容的内在联系，要注重向学生揭示数学的多样性背后隐藏的思想和方法的主线，还要注重通过引导学生对数学方法的掌握来提高效率。

由于科学的发展和社会的进步，高中阶段的数学课程，正处于由初等数学向高等数学过渡的阶段，越来越多的近代数学内容从大学下沉到高中，越来越多的高考数学试题特别是压轴题有深刻的高等数学背景。如何处理高等数学和初等数学知识之间的关系，如何让学生在有效地学习有用知识的同时提高数学素养，也成为高中教学和复习备考的重要任务。我们不仅要罗列知识点和应用的案例，更要发掘知识之间的内在联系，引导学生思考知识发生发展的过程，尽可能地知其所以然，提高数学素养，提高高考成绩。

本书诠释了我对数学教育的基本认知。研究试题的三个基本方法"一题多解，异中求同，形成知识体系""一题多变，同中求异，发展思维能力""恰当运用知识的厚度化解技巧的难度"，怎样把数学思维引向深入，怎样由例及类、步步深入，相信能引起同行的共鸣。书中的原创性试题，反映了我对高考数学的理解与判断。本书还对一些经典试题改进了证明方法，这些方法更加自然、更加呈现本质、更加突出基本工具的使用。

期待获得大家的认可。

李 伟
2021 年 12 月于资中

前 言 Preface

2017 年，作者初稿《关于高中数学和高考数学的若干研究》刊发在《资中教研》增刊上，用于资中二中高三复习备考。由于资中二中与叙州二中是友好学校，书稿也用于叙州二中高三复习备考，总体反响良好。

几年来，多所学校在使用本书初稿后，提出了许多改进意见。作者将之归纳整理，并结合自己的教学研究成果，完善形成了本书，取名为《关于高考数学的若干研究》。

全书共 5 章，按照一题多解、一题多变、用知识的厚度化解技巧的难度思路来谋篇布局：

第 1 章，压轴题研究，揭示其知识与能力、思想与方法的要求，揭示其高等数学背景，希望对同行的教学和学生的学习有所启迪。

第 2 章，教学研究，探讨如何研究试题，探讨怎样把数学思维引向深入，探讨怎样由例及类、步步深入，探讨数学学习的基本程序和高考数学复习路线图。好的数学教学，既是数学思想的传播过程，又是数学魅力的展示过程。希望能引领学生触摸数学的激情，感悟数学的美丽。

第 3 章，几类试题研究，就是高考数学若干核心考点的常用解法总结。如果学生掌握了这几类试题的通性通法，相信他们应试时定能胸有成竹。

第 4 章，模拟压轴题，精选真题，改编名题，原创试题，希望给学生指出备考压轴题的方向和方法，特别希望能帮助优尖生有效备考。4.4 模拟压轴题分类练习，大多有参考解答，散见于各章节。

第 5 章，培优练习，精选兄弟学校多年的高三数学学科培优成果，以期帮助师生精准培优。

有许多题目在书中多处出现，说明这些题目很重要、很根本，应给予足够的重视。

本书的正式出版，标志着我们教学生涯中一个阶段性任务的完成。书稿定有许多不足之处，恳请各位读者不吝赐教。

作 者
2022 年 2 月

目 录

1 压轴题研究

1.1 2014年四川卷理科数学压轴题解析……………………………………………3
1.2 2015年四川卷理科数学压轴题解析……………………………………………10
1.3 2016年四川卷理科数学压轴题解析……………………………………………17
1.4 2018年全国三卷理科数学压轴题解析…………………………………………19
1.5 2020年山东卷数学压轴题解析…………………………………………………29
1.6 2008年江西卷理科数学压轴题解析……………………………………………33

2 教学研究

2.1 研究试题的三个基本方法………………………………………………………41
2.2 怎样把数学思维引向深入………………………………………………………48
2.3 怎样由例及类、步步深入………………………………………………………51
2.4 数学学习的基本程序……………………………………………………………56
2.5 高考数学复习路线图……………………………………………………………56

3 几类试题研究

3.1 选择题与填空题…………………………………………………………………61
3.2 三角函数试题……………………………………………………………………69
3.3 数列试题…………………………………………………………………………73
3.4 求参数取值范围试题……………………………………………………………76
3.5 双变元试题………………………………………………………………………85
3.6 求公切线试题……………………………………………………………………87
3.7 求距离最小值试题………………………………………………………………90
3.8 求最值函数值域试题……………………………………………………………95

3.9　求近似值常用方法……………………………………………………………97

4　模拟压轴题

4.1　高考真题、强基试题与冲刺练习比较…………………………………………109
4.2　模拟压轴题研究…………………………………………………………………111
4.3　模拟压轴题分类解析……………………………………………………………116
4.4　模拟压轴题分类练习……………………………………………………………128

5　培优练习

5.1　培优练习一………………………………………………………………………137
5.2　培优练习二………………………………………………………………………141
5.3　培优练习三………………………………………………………………………144
5.4　培优练习四………………………………………………………………………147
5.5　培优练习五………………………………………………………………………151
5.6　培优练习六………………………………………………………………………155
5.7　培优练习七………………………………………………………………………160
5.8　培优练习八………………………………………………………………………163
5.9　培优练习九………………………………………………………………………168

参考文献……………………………………………………………………………172

1

压轴题研究

1.1 2014年四川卷理科数学压轴题解析

一、试题回放

21.已知函数 $f(x)=e^x-ax^2-bx-1$，$a,b\in\mathbb{R}$，$e=2.71828\cdots$ 为自然对数的底数。

（1）设 $g(x)$ 是函数 $f(x)$ 的导函数，求函数 $g(x)$ 在区间 $[0,1]$ 上的最小值；

（2）若 $f(1)=0$，函数 $f(x)$ 在区间 $(0,1)$ 内有零点，求 a 的取值范围。

二、试题简评

本题主要考查导数的运算、导数在研究函数中的应用、函数的零点等基础知识，考查推理论证能力、运算求解能力、创新意识，考查函数与方程、数形结合、分类与整合、转化与化归等数学思想方法，同时考查思维的严谨性。

题目设有两个小题，呈现平和自然，表述精练清晰，文字量少，阅读量小，易于激发学生解决问题的冲动。但此题入手容易深入难。第一小题求函数的最小值，非常常规。第二小题作为全卷的压轴，看似平和，实则暗藏玄机——全面考查学生的数学素养，要求学生运用图像分析灵活地转化与化归问题，最后圆满地解决问题。

总之，本题"平和自然，落落大方；亮点纷呈，不落俗套；情理之中，意料之外"，紧扣《四川省 2014 年高考数学考试说明》，既利于中学教学，也利于高校选才，是一道不可多得的好题。

三、第一小题解答

因 $f(x)=e^x-ax^2-bx-1$，故 $g(x)=f'(x)=e^x-2ax-b$，于是 $g'(x)=e^x-2a$。

因为 $x\in[0,1]$，所以 $1\leqslant e^x\leqslant e$，有

①如果 $a\leqslant\dfrac{1}{2}$，那么 $2a\leqslant 1$，$g'(x)=e^x-2a\geqslant 0$，于是函数 $g(x)$ 在区间 $[0,1]$ 上单调递增，从而 $g(x)_{\min}=g(0)=1-b$。

②如果 $\dfrac{1}{2}<a<\dfrac{e}{2}$，那么 $1<2a<e$。当 $0<x<\ln(2a)$ 时，有 $g'(x)=e^x-2a<0$；当 $\ln(2a)<x<1$ 时，有 $g'(x)=e^x-2a>0$。于是函数 $g(x)$ 在区间 $[0,\ln(2a)]$ 上单调递减，在区间 $[\ln(2a),1]$ 上单调递增，从而 $g(x)_{\min}=g[\ln(2a)]=2a-2a\ln(2a)-b$。

③如果 $a \geqslant \dfrac{e}{2}$,那么 $2a \geqslant e$, $g'(x) = e^x - 2a \leqslant 0$,于是函数 $g(x)$ 在区间 $[0,1]$ 上单调递减,从而 $g(x)_{\min} = g(1) = e - 2a - b$。

综上,$g(x)$ 在区间 $[0,1]$ 上的最小值为

$$g(x)_{\min} = \begin{cases} 1-b, a \leqslant \dfrac{1}{2} \\ 2a - 2a\ln(2a) - b, \dfrac{1}{2} < a < \dfrac{e}{2} \\ e - 2a - b, a \geqslant \dfrac{e}{2} \end{cases}$$

四、第二小题玄机何在

因 $f(1) = 0 \Rightarrow e - a - b - 1 = 0 \Rightarrow b = e - a - 1$,故 $f(x) = e^x - ax^2 - (e-a-1)x - 1$ 并且在 $(0,1)$ 内有零点,于是方程 $e^x - ax^2 - (e-a-1)x - 1 = 0$ 在 $(0,1)$ 内有解,从而可把 a 表示成 x 的函数,即 $a = \dfrac{1 + (e-1)x - e^x}{x(1-x)}$,$x \in (0,1)$,求参数 a 的取值范围就转化为求函数 a 的值域。现在有两个问题需要解决:

①怎样求 $\lim\limits_{x \to 0^+} a$ 与 $\lim\limits_{x \to 1^-} a$?

②怎样求函数 a 的单调区间?

对第一个问题,我们可用一定的技巧或洛必达法则求出(后面会详细给出)。对第二个问题,我们可先求出函数 a 的导函数 $a' = \dfrac{e^x(x^2 - 3x + 1) + (e-1)x^2 + 2x - 1}{[x(1-x)]^2}$,$x \in (0,1)$。令 $h(x) = e^x(x^2 - 3x + 1) + (e-1)x^2 + 2x - 1$,$x \in (0,1)$。要求出 $h(x)$ 的零点或判断 $h(x) > 0$ 是很困难的,需求出 $h(x)$ 的高阶导数并判断 $h(x)$ 的凸性(后面会详细给出)。

五、第二小题解题思路

我们有如下 3 个命题:

命题 1 $f(x)$ 在 $[0,1]$ 上有三个零点。

命题 2 $g(x) = f'(x)$ 在 $(0,1)$ 内恰有两个零点。

命题 3 $g'(x) = f''(x)$ 在 $(0,1)$ 内恰有一个零点。

利用罗尔定理，可由命题 1 $\Rightarrow$ 命题 2 $\Rightarrow$ 命题 3。下面避开罗尔定理，直接证 $f(x)$ 在 $[0,1]$ 上有三个零点 $\Rightarrow g(x) = f'(x)$ 在 $(0,1)$ 内至少有两个零点。

依题设，有 $f(0) = 0$，$f(1) = 0$。

令 x_0 为函数 $f(x)$ 在区间 $(0,1)$ 内的零点，则函数 $f(x)$ 在区间 $[0,1]$ 上有三个零点，即 $f(0) = f(x_0) = f(1) = 0$。因 $f(x)$ 在区间 $(0, x_0)$ 内不可能单调递增，也不可能单调递减，故 $f'(x)$ 在区间 $(0, x_0)$ 内存在零点 x_1。同理，$f(x)$ 在区间 $(x_0, 1)$ 内不可能单调递增，也不可能单调递减，故 $f'(x)$ 在区间 $(x_0, 1)$ 内存在零点 x_2。于是 $f'(x)$ 在 $(0,1)$ 内至少有两个零点。

同样可直接证 $g(x) = f'(x)$ 在 $(0,1)$ 内至少有两个零点 $\Rightarrow g'(x) = f''(x)$ 在 $(0,1)$ 内至少有一个零点，在此略去。

又 $g'(x) = f''(x) = e^x - 2a$ 在 $(0,1)$ 内恰有一个零点 $\Rightarrow g(x) = f'(x)$ 在 $(0,1)$ 内恰有两个零点。

综上，命题 1、2、3 成立。

与此相对应，第二小题的解题思路有

思路 1 利用命题 1、2、3。

思路 2 利用命题 1、2。

思路 3 利用命题 1。

六、利用思路 1 解答第二小题

依题设，有 $f(0) = 0$，$f(1) = 0$。又函数 $f(x)$ 在区间 $(0,1)$ 内有一个零点，故函数 $f(x)$ 在区间 $[0,1]$ 上有三个零点。

由命题 3，知 $g'(x) = e^x - 2a$ 在区间 $(0,1)$ 内恰有一个零点 x_0，亦即 $e^{x_0} - 2a = 0$，因此 $a = \dfrac{e^{x_0}}{2}$，从而 $\dfrac{1}{2} < a < \dfrac{e}{2}$，于是函数 $g(x)$ 在区间 $[0, \ln(2a)]$ 上单调递减，在区间 $[\ln(2a), 1]$ 上单调递增，$g(x)_{\min} = g[\ln(2a)] = 2a - 2a\ln(2a) - b = 3a - 2a\ln(2a) - e + 1$（$b = e - a - 1$）。

令 $p(x) = \dfrac{3}{2}x - x\ln x - e + 1$（$1 < x < e$），则 $p'(x) = \dfrac{1}{2} - \ln x$。

由 $p'(x) = \dfrac{1}{2} - \ln x = 0 \Rightarrow x = \sqrt{e}$，则 $p(x)$ 在区间 $(1, \sqrt{e})$ 上单调递增，在区间 $(\sqrt{e}, e)$ 上单调递减，$p(x)_{\max} = p(\sqrt{e}) = \dfrac{3}{2}\sqrt{e} - \sqrt{e}\ln\sqrt{e} - e + 1 = \sqrt{e} - e + 1 < 0$，即 $g[\ln(2a)] < 0$ 恒成立。

因 $g(x)$ 在区间 $(0,1)$ 内恰有两个零点，在区间 $[0,\ln(2a)]$ 上单调递减，在区间 $[\ln(2a),1]$ 上单调递增，并且 $g[\ln(2a)]<0$，必有 $g(0)=2-\mathrm{e}+a>0$，$g(1)=-a+1>0$，即 $\mathrm{e}-2<a<1$。

反之，若 $\mathrm{e}-2<a<1$，则 $g(0)=2-\mathrm{e}+a>0$，$g(1)=-a+1>0$。函数 $g(x)$ 在区间 $[0,\ln(2a)]$ 上单调递减，在区间 $[\ln(2a),1]$ 上单调递增，并且 $g[\ln(2a)]<0$ 恒成立，从而 $g(x)$ 在区间 $[0,\ln(2a)]$ 上有零点 x_1，在区间 $[\ln(2a),1]$ 上有零点 x_2，故 $g(x)$ 在 $(0,x_1)$ 内为正，在 (x_1,x_2) 内为负，在 $(x_2,1)$ 内为正，于是 $f(x)$ 在 $[0,x_1]$ 上单调递增，在 $[x_1,x_2]$ 上单调递减，在 $[x_2,1]$ 上单调递增，从而 $f(x_1)>f(0)=0$，$f(x_2)<f(1)=0$，因此 $f(x)$ 在 (x_1,x_2) 内有零点。

综上，a 的取值范围为 $(\mathrm{e}-2,1)$。

七、利用思路 2 解答第二小题

解法一：

$g(x)=\mathrm{e}^x-2ax-(\mathrm{e}-a-1)$，$g'(x)=\mathrm{e}^x-2a$，$g''(x)=\mathrm{e}^x$。因 $g''(x)$ 区间 $(0,1)$ 内恒为正，故 $g(x)$ 在区间 $[0,1]$ 向下凸。又 $g(x)$ 在区间 $(0,1)$ 内恰有两个零点 x_1,x_2，不妨设 $0<x_1<x_2<1$，则 $g(x)$ 在 $[0,x_1)$ 内为正，在 (x_1,x_2) 内为负，在 $(x_2,1]$ 内为正，于是 $g(0)=2-\mathrm{e}+a>0, g(1)=-a+1>0$，即 $\mathrm{e}-2<a<1$。必要性得证。充分性同前，此处略去。

解法二：

因函数 $g(x)=\mathrm{e}^x-2ax-(\mathrm{e}-a-1)$ 在区间 $(0,1)$ 内恰有两个零点，故方程 $\mathrm{e}^x-2ax-(\mathrm{e}-a-1)=0$ 在 $(0,1)$ 内有解（以 x 为未知数）。

把 a 表示成 x 的函数，有 $a=\dfrac{\mathrm{e}^x-\mathrm{e}-1}{2x-1}$，$x\in(0,1)$，于是 $a'=\dfrac{\mathrm{e}^x(2x-3)+2\mathrm{e}-2}{(2x-1)^2}$。令 $q(x)=\mathrm{e}^x(2x-3)+2\mathrm{e}-2$，$x\in(0,1)$，则 $q'(x)=\mathrm{e}^x(2x-1)$，于是 $q(x)$ 在 $\left(0,\dfrac{1}{2}\right)$ 内单调递减，在 $\left(\dfrac{1}{2},1\right)$ 内单调递增，$q(x)>q\left(\dfrac{1}{2}\right)=2\mathrm{e}-2\sqrt{\mathrm{e}}-2>0$，即 $a'>0$，故 $a=\dfrac{\mathrm{e}^x-\mathrm{e}-1}{2x-1}$ 在 $\left(0,\dfrac{1}{2}\right)$ 内与 $\left(\dfrac{1}{2},1\right)$ 内单调递增。又 $\lim\limits_{x\to 0^+}a=\mathrm{e}-2, \lim\limits_{x\to 1^-}a=1, \lim\limits_{x\to \frac{1}{2}^-}a=+\infty, \lim\limits_{x\to \frac{1}{2}^+}a=-\infty$。我们有如下结论：

$$a:\left(0,\dfrac{1}{2}\right)\xrightarrow{1-1}(\mathrm{e}-2,+\infty),\left(\dfrac{1}{2},1\right)\xrightarrow{1-1}(-\infty,1)$$

注意到函数 $g(x)=\mathrm{e}^x-2ax-(\mathrm{e}-a-1)$ 在区间 $(0,1)$ 内恰有两个零点，也就是对 a 的每一个取值，方程 $\mathrm{e}^x-2ax-(\mathrm{e}-a-1)=0$ 在 $(0,1)$ 内恰有两个解（以 x 为未知数）。若 $a\leqslant \mathrm{e}-2$，

则方程仅有一个解在 $\left(\dfrac{1}{2},1\right)$ 内；若 $a \geqslant 1$，则方程仅有一个解在 $\left(\dfrac{1}{2},1\right)$ 内。这两种情形均导出矛盾，必有 $e-2<a<1$。必要性得证。充分性同前，此处略去。

八、利用思路 3 解答第二小题

把 a 表示成 x 的函数，即 $a = \dfrac{1+(e-1)x-e^x}{x(1-x)}$，$x \in (0,1)$，求参数 a 的取值范围就转化为求函数 a 的值域。求 a 的导函数，得 $a' = \dfrac{e^x(x^2-3x+1)+(e-1)x^2+2x-1}{[x(1-x)]^2}$，$x \in (0,1)$。

解法一：

$$\lim_{x\to 0^+} a = \lim_{x\to 0^+} \dfrac{1+(e-1)x-e^x}{x(1-x)} = \lim_{x\to 0^+} \dfrac{e-1-e^x}{1-2x} = e-2$$

$$\lim_{x\to 1^-} a = \lim_{x\to 1^-} \dfrac{1+(e-1)x-e^x}{x(1-x)} = \lim_{x\to 1^-} \dfrac{e-1-e^x}{1-2x} = 1$$

$$\lim_{x\to 0^+} a' = \lim_{x\to 0^+} \dfrac{e^x(x^2-3x+1)+(e-1)x^2+2x-1}{[x(1-x)]^2}$$

$$= \lim_{x\to 0^+} \dfrac{e^x(x^2-x-2)+2(e-1)x+2}{2x-6x^2+4x^3}$$

$$= \lim_{x\to 0^+} \dfrac{e^x(x^2+x-3)+2(e-1)}{2-12x+12x^2}$$

$$= \dfrac{2e-5}{2} > 0$$

$$\lim_{x\to 1^-} a' = \lim_{x\to 1^-} \dfrac{e^x(x^2-3x+1)+(e-1)x^2+2x-1}{[x(1-x)]^2}$$

$$= \lim_{x\to 1^-} \dfrac{e^x(x^2-x-2)+2(e-1)x+2}{2x-6x^2+4x^3}$$

$$= \lim_{x\to 1^-} \dfrac{e^x(x^2+x-3)+2(e-1)}{2-12x+12x^2}$$

$$= \dfrac{e-2}{2} > 0$$

因 $\lim\limits_{x\to 0^+} a' > 0$，$\lim\limits_{x\to 1^-} a' > 0$，故存在邻域 $(0,\delta)$ 和 $(1-\delta,1)$，使得函数 a 的导函数 a' 在这两个邻域为正，从而函数 a 在这两个邻域单调递增。于是任取 $x \in (0,\delta)$，必有 $a > e-2$；任取

$x \in (1-\delta, 1)$，必有 $a < 1$。

取 $x = \dfrac{1}{2}$，此时 $a = 2 + 2\mathrm{e} - 4\sqrt{\mathrm{e}}$，易验证 $\mathrm{e} - 2 < 2 + 2\mathrm{e} - 4\sqrt{\mathrm{e}} < 1$。

我们猜测：对任意 $x \in (0,1)$，均有 $\mathrm{e} - 2 < a < 1$，亦即 $\mathrm{e} - 2 < \dfrac{1 + (\mathrm{e}-1)x - \mathrm{e}^x}{x(1-x)} < 1$。

对任意 $x \in (0,1)$，欲证 $\dfrac{1 + (\mathrm{e}-1)x - \mathrm{e}^x}{x(1-x)} < 1$，需证 $r(x) = \mathrm{e}^x - x^2 - (\mathrm{e}-2)x - 1 > 0$。我们有

$r'(x) = \mathrm{e}^x - 2x - (\mathrm{e}-2)$，$r''(x) = \mathrm{e}^x - 2$。如表 1-1 所示。

表 1-1 函数取值变化

x	0	$(0, \ln 2)$	$\ln 2$	$(\ln 2, 1)$	1
$r''(x)$	−	−	0	+	+
$r'(x)$	+	+ → −	−	−	0
$r(x)$	0	+	+	+	0

从表中可知，当 $x \in (0,1)$ 时，$r(x) = \mathrm{e}^x - x^2 - (\mathrm{e}-2)x - 1 > 0$，即 $\dfrac{1 + (\mathrm{e}-1)x - \mathrm{e}^x}{x(1-x)} < 1$。

对任意 $x \in (0,1)$，欲证 $\dfrac{1 + (\mathrm{e}-1)x - \mathrm{e}^x}{x(1-x)} > \mathrm{e} - 2$，需证 $s(x) = \mathrm{e}^x - (\mathrm{e}-2)x^2 - x - 1 < 0$。我们有

$s'(x) = \mathrm{e}^x - (2\mathrm{e}-4)x - 1$，$s''(x) = \mathrm{e}^x - (2\mathrm{e}-4)$。如表 1-2 所示。

表 1-2 函数取值变化

x	0	$(0, \ln(2\mathrm{e}-4))$	$\ln(2\mathrm{e}-4)$	$(\ln(2\mathrm{e}-4), 1)$	1
$s''(x)$	−	−	0	+	+
$s'(x)$	0	−	−	− → +	+
$s(x)$	0	−	−	−	0

从表中可知，当 $x \in (0,1)$ 时，$s(x) = \mathrm{e}^x - (\mathrm{e}-2)x^2 - x - 1 < 0$，即 $\dfrac{1 + (\mathrm{e}-1)x - \mathrm{e}^x}{x(1-x)} > \mathrm{e} - 2$。

综上，有 $\mathrm{e} - 2 < \dfrac{1 + (\mathrm{e}-1)x - \mathrm{e}^x}{x(1-x)} < 1$，即 $\mathrm{e} - 2 < a < 1$。

解法二：

令 $h(x) = \mathrm{e}^x(x^2 - 3x + 1) + (\mathrm{e}-1)x^2 + 2x - 1$，则 $h(0) = h(1) = 0$。

有 $h'(x) = \mathrm{e}^x(x^2 - x - 2) + 2(\mathrm{e}-1)x + 2$，则 $h'(0) = h'(1) = 0$。

有 $h''(x) = e^x(x^2+x-3)+2(e-1)$,则 $h''(0) = 2e-5 > 0$,$h''(\frac{1}{2}) = 2e - \frac{9}{4}\sqrt{e} - 2 < 0$,$h''(1) = e-2 > 0$,于是 $h''(x)$ 在 $(0,1)$ 内至少有两个零点。

有 $h'''(x) = e^x(x^2+3x-2)$,则 $h'''(0) = -2$,$h'''(1) = 2e$,于是 $h'''(x)$ 在 $(0,1)$ 内至少有一个零点。

有 $h^{(4)}(x) = e^x(x^2+5x+1) > 0$,$x \in (0,1)$ $\Rightarrow$ $h'''(x)$ 在 $(0,1)$ 内恰有一个零点 $\Rightarrow$ $h''(x)$ 在 $(0,1)$ 内恰有两个零点 x_1, x_2,不妨设 $0 < x_1 < x_2 < 1$,如表 1-3 所示。

表 1-3 函数取值变化

x	0	$(0, x_1)$	x_1	(x_1, x_2)	x_2	$(x_2, 1)$	1
$h''(x)$	+	+	0	−	0	+	+
$h'(x)$	0	+	+	+ → −	−	−	0
$h(x)$	0	+	+	+	+	+	0

从表中可知 $h(x) > 0$,$x \in (0,1)$ $\Rightarrow$ $a' > 0$,$x \in (0,1)$ $\Rightarrow$ 函数 a 在 $(0,1)$ 内单调递增。

又 $\lim\limits_{x \to 0^+} a = \lim\limits_{x \to 0^+} \frac{1+(e-1)x-e^x}{x(1-x)} = \lim\limits_{x \to 0^+} \frac{[1+(e-1)x-e^x]'}{[x(1-x)]'} = \lim\limits_{x \to 0^+} \frac{e-1-e^x}{1-2x} = e-2$,

$\lim\limits_{x \to 1^-} a = \lim\limits_{x \to 1^-} \frac{1+(e-1)x-e^x}{x(1-x)} = \lim\limits_{x \to 1^-} \frac{[1+(e-1)x-e^x]'}{[x(1-x)]'} = \lim\limits_{x \to 1^-} \frac{e-1-e^x}{1-2x} = 1$,

故 $e-2 < a < 1$。

解法三:

因 $e^x = \sum\limits_{n=0}^{+\infty} \frac{x^n}{n!}$,$e = \sum\limits_{n=0}^{+\infty} \frac{1}{n!}$,有

$$a = \frac{1+(e-1)x-e^x}{x(1-x)} = \frac{1+(e-1)x - \sum\limits_{n=0}^{+\infty} \frac{x^n}{n!}}{x(1-x)} = \frac{(e-2)x - \sum\limits_{n=2}^{+\infty} \frac{x^n}{n!}}{x(1-x)} = \frac{e-2 - \sum\limits_{n=2}^{+\infty} \frac{x^{n-1}}{n!}}{1-x}$$

$$= \frac{\sum\limits_{n=2}^{+\infty} \frac{1}{n!} - \sum\limits_{n=2}^{+\infty} \frac{x^{n-1}}{n!}}{1-x} = \sum\limits_{n=2}^{+\infty} \frac{1-x^{n-1}}{n!(1-x)} = \sum\limits_{n=2}^{+\infty} \frac{1+x+\cdots+x^{n-2}}{n!}$$

显然,作为函数,a 在 $(0,1)$ 内单调递增,并且 $\sum\limits_{n=2}^{+\infty} \frac{1}{n!} < a < \sum\limits_{n=2}^{+\infty} \frac{n-1}{n!}$。

又 $\sum\limits_{n=2}^{+\infty} \frac{1}{n!} = e-2$,$\sum\limits_{n=2}^{+\infty} \frac{n-1}{n!} = \sum\limits_{n=2}^{+\infty} \frac{n}{n!} - \sum\limits_{n=2}^{+\infty} \frac{1}{n!} = \sum\limits_{n=2}^{+\infty} \frac{1}{(n-1)!} - \sum\limits_{n=2}^{+\infty} \frac{1}{n!} = \sum\limits_{n=1}^{+\infty} \frac{1}{n!} - \sum\limits_{n=2}^{+\infty} \frac{1}{n!} = 1$,故 $e-2 < a < 1$。

九、对教学的启示

据悉，2014 年四川高考，理科数学满分者仅 1 人，压轴题做对者不超过 10 人。这样的结果是不能令人满意的，需要我们重新审视高中数学教学。通过以上解析，对我们的教学有以下几点启示：

（1）加强数形结合思想在教学中的渗透，需特别强调函数图像的工具性地位，由形到数是研究数学问题的重要手段之一。这既是教材中分析函数问题的出发点和落脚点，也应成为学生研究问题的一般思维方式，因而在高考中屡见不鲜。在教学中，我们不仅要教学生知识、教学生解题，更重要的是教会学生研究问题的一般方法。

（2）要加强学生运算能力的培养，特别是对"式"的运算，如指数、对数运算。

（3）分类讨论是高考的重点，也一直是学生学习的难点，难在哪里？难在分类讨论的标准是什么，即讨论点如何寻求。为此，我们在教学中，一定要高度重视。

（4）要加强微积分的教学，系统讲解极限、连续的定义与性质，系统讲解中值定理及其应用，系统讲解利用导数研究函数的方法（如研究单调性、极值、凸性等），还可给学生介绍数项级数、泰勒级数、简易微分方程等，真正让学生理解、感悟数学的美妙，帮助学生立足高考、冲击名校。目前，高中数学教材讲解微积分时，既无极限的定义，又无中值定理的证明，学生对相关知识的理解是肤浅的，更谈不上灵活应用相关知识解决具体问题。尽管微积分的教学是公认的难点，但我们并非就无所作为，可以为了教学的需要进行学术上的再创造——这就是张景中院士倡导的教育数学。笔者曾用非 ε 语言先后在南京师大附中、资中二中给高二学生开设微积分课程，收到了良好的效果。

1.2 2015 年四川卷理科数学压轴题解析

一、试题回放

21. 已知函数 $f(x) = -2(x+a)\ln x + x^2 - 2ax - 2a^2 + a$，其中，

（1）设 $g(x)$ 是 $f(x)$ 的导函数，讨论 $g(x)$ 的单调性；

（2）证明：存在 $a \in (0,1)$，使得 $f(x) \geq 0$ 在区间 $(1,+\infty)$ 内恒成立，且 $f(x) = 0$ 在区间 $(1,+\infty)$ 内有唯一解。

二、试题简评

本题主要考查导数的运算、导数在研究函数中的应用、函数的零点等基础知识，考查推理论证能力、运算求解能力、创新意识，考查函数与方程、数形结合、分类与整合、转化与化归等数学思想。

本题设置了两个小题，其中第一小题讨论导函数的单调性，比较常规，需分类处理。第二小题作为全卷的压轴，全面考查考生的数学素养，要求考生具有高层次的理性思维，采用"联系几何直观→探索解题思路→提出合情猜想→构造辅助函数→结合估算精算→进行推理证明"的思路，最后圆满地解决问题。

总之，本题立意深远、背景深刻、设问巧妙，富含思维价值，体现了课程改革理念，是检测考生思维深度和学习潜能的良好素材，有利于中学教学，有利于高校选才，是一道很有价值的好题。

三、第一小题解答

因 $f(x) = -2(x+a)\ln x + x^2 - 2ax - 2a^2 + a$，

故 $g(x) = f'(x) = 2x - 2\ln x - \dfrac{2a}{x} - 2a - 2 \ (a > 0, x > 0)$，

于是 $g'(x) = 2 - \dfrac{2}{x} + \dfrac{2a}{x^2} = \dfrac{2(x^2 - x + a)}{x^2} \ (a > 0, x > 0)$。

讨论不等式 $x^2 - x + a \geqslant 0 \ (x > 0)$，$\Delta = 1 - 4a$，可得

①当 $a \geqslant \dfrac{1}{4}$ 时，不等式恒成立，即 $g'(x) \geqslant 0$ 恒成立，故 $g(x)$ 单调递增。

②当 $0 < a < \dfrac{1}{4}$ 时，$x_1 = \dfrac{1 - \sqrt{1 - 4a}}{2} \in \left(0, \dfrac{1}{2}\right), x_2 = \dfrac{1 + \sqrt{1 - 4a}}{2} \in \left(\dfrac{1}{2}, 1\right)$，

故 $g'(x) \geqslant 0$ 的解为 $0 < x < \dfrac{1 - \sqrt{1 - 4a}}{2}, x > \dfrac{1 + \sqrt{1 - 4a}}{2}$，

于是 $g(x)$ 在 $0 < x < \dfrac{1 - \sqrt{1 - 4a}}{2}, x > \dfrac{1 + \sqrt{1 - 4a}}{2}$ 时单调递增。

综上所述，

①当 $a \geqslant \dfrac{1}{4}$ 时，$g(x)$ 在 $(0, +\infty)$ 上单调递增；

②当 $0 < a < \dfrac{1}{4}$ 时，$g(x)$ 在区间 $\left(0, \dfrac{1 - \sqrt{1 - 4a}}{2}\right)$ 内和区间 $\left(\dfrac{1 + \sqrt{1 - 4a}}{2}, +\infty\right)$ 内单调递增，

在区间 $\left[\dfrac{1-\sqrt{1-4a}}{2}, \dfrac{1+\sqrt{1-4a}}{2}\right]$ 内单调递减。

四、第二小题难在何处

$f(x) \geqslant 0$ 在区间 $(1,+\infty)$ 内恒成立且 $f(x)=0$ 在区间 $(1,+\infty)$ 内有唯一解 $\Leftrightarrow f(x)$ 在区间 $(1,+\infty)$ 内有唯一最小值点 x_0 且 $f(x_0)=0 \Leftrightarrow f'(x)$ 在区间 $(1,+\infty)$ 内的唯一零点 x_0 为 $f(x)$ 在区间 $(1,+\infty)$ 内的唯一最小值点且 $f(x_0)=0$。

因 $f''(x)=2-\dfrac{2}{x}+\dfrac{2a}{x^2}>0, x\in(1,+\infty)$，故 $f'(x)$ 在区间 $(1,+\infty)$ 内单调递增。注意到 $f'(1)=-4a<0, f'(x+\infty)>0$，于是存在唯一的 $x_0 \in (1,+\infty)$，使得 $f'(x_0)=0$。容易验证，x_0 也是 $f(x)$ 在区间 $(1,+\infty)$ 内的唯一最小值点。现在有两个问题需要解决：

①令 $f'(x_0)=0$，能否把 x 表示成 a 的函数 $x=u(a)$？

②把 $x=u(a)$ 代入 $f(x)$ 得到一个以 a 为自变量的函数 $\varphi(a)$，是否存在 $a_0 \in (0,1)$，使得 $\varphi(a_0)=0$？

注意：令 $x_0=u(a_0)$，自然有 $f'(x_0)=0$，当然 $f(x_0)=\varphi(a_0)=0$ 也成立。

令 $f'(x)=0$，有 $x-\ln x-\dfrac{a}{x}-a-1=0$，不能用解析式把 x 表示成 a 的函数 $x=u(a)$。前面提出的两个问题不好解决，需要把问题进行转化。如何转化呢？

既然不能用解析式把 x 表示成 a 的函数 $x=u(a)$，我们作逆向思维：能否用解析式把 a 表示成 x 的函数 $a=u(x)$ 呢？若能，把 $a=u(x)$ 代入 $f(x)$ 得到一个以 x 为自变量的函数 $\varphi(x)$，是否存在 $x_0 \in (1,+\infty)$，使得 $\varphi(x_0)=0$？如果存在 $x_0 \in (1,+\infty)$，使得 $\varphi(x_0)=0$，令 $a=u(x_0)$，自然有 $f'(x_0)=0$，当然 $f(x_0)=\varphi(x_0)=0$ 也成立。此时 $u(x_0)\in(0,1)$ 吗？需对函数 $u(x)$ 进行研究，使得 $u(x_0)\in(0,1)$。

通过以上分析，可得第二小题的解题思路如下：

①令 $f'(x)=0$，用 x 表示 a，有 $a=u(x)$。

②把 $a=u(x)$ 代入 $f(x)$，构造一个新的函数 $\varphi(x)$（不必化简解析式），研究 $\varphi(x)$ 的零点；因 $\varphi(1)>0, \varphi(e)<0$，故存在零点 $x_0\in(1,e)$。

③令 $a=u(x_0)$，则 $f'(x_0)=0$。

④又因 $f''(x)>0$，知 x_0 为 $f'(x)$ 的唯一零点，为 $f(x)$ 的唯一极小值点即为最小值点，必有 $f(x_0)=\varphi(x_0)=0$。

⑤因 $x_0 \in (1, e)$，利用导数研究 $u(x)$，可知 $0 = u(1) < u(x_0) < u(e) < 1$，即存在 $a = u(x_0)$，使得 $0 < a < 1$。

五、第二小题解答

令 $f'(x) = 0$，有 $x - \ln x - \dfrac{a}{x} - a - 1 = 0$，故 $a = \dfrac{x - \ln x - 1}{1 + x^{-1}}$。

把 $a = \dfrac{x - \ln x - 1}{1 + x^{-1}}$ 代入 $f(x)$，得到一个 x 为自变量的函数：

$\varphi(x) = -2\left(x + \dfrac{x - \ln x - 1}{1 + x^{-1}}\right)\ln x + x^2 - 2\left(\dfrac{x - \ln x - 1}{1 + x^{-1}}\right)x - 2\left(\dfrac{x - \ln x - 1}{1 + x^{-1}}\right)^2 + \dfrac{x - \ln x - 1}{1 + x^{-1}}$，

则 $\varphi(1) = 1 > 0$，$\varphi(e) = -\dfrac{e(e-2)}{1 + e^{-1}} - 2\left(\dfrac{e - 2}{1 + e^{-1}}\right)^2 < 0$，存在 $x_0 \in (1, e)$，使得 $\varphi(x_0) = 0$。

令 $a = \dfrac{x_0 - \ln x_0 - 1}{1 + x_0^{-1}}$，则 $f'(x_0) = 0$。

因 $f''(x) = 2 - \dfrac{2}{x} + \dfrac{2a}{x^2} > 0, x \in (1, +\infty)$，故 $f'(x)$ 在区间 $(1, +\infty)$ 内单调递增，于是 x_0 是 $f'(x)$ 在区间 $(1, +\infty)$ 内的唯一零点。容易验证，x_0 也是 $f(x)$ 在区间 $(1, +\infty)$ 内的唯一最小值点，有 $f(x_0) = \varphi(x_0) = 0$。

令 $u(x) = \dfrac{x - \ln x - 1}{1 + x^{-1}}$，则 $u(x)$ 在区间 $(1, e)$ 内单调递增，有 $u(1) < u(x_0) < u(e)$，即 $0 < u(x_0) < \dfrac{e - 2}{1 + e^{-1}} < 1$，于是存在 $a = u(x_0)$，使得 $0 < a < 1$。

综上所述，存在 $a \in (0, 1)$，使得 $f(x) \geqslant 0$ 在区间 $(1, +\infty)$ 内恒成立，且 $f(x) = 0$ 在区间 $(1, +\infty)$ 内有唯一解。

六、第二小题另解

另解一：

因 $f(x) - (x + a)f'(x) = \dfrac{2}{x}\left(a - \dfrac{x}{2}\right)(a + x^2 - 2x)$，故有如下结论：

当 $a = \dfrac{x}{2}$ 或 $a = 2x - x^2$ 时，$f(x) = 0 \Leftrightarrow f'(x) = 0$。

把 $a = \dfrac{x}{2}$ 代入 $f'(x)$，得到一个以 x 为自变量的函数 $r(x) = x - 2\ln x - 3$，有 $r(1) = -2 < 0$，$r(+\infty) > 0$，存在 $x_0 \in (1, +\infty)$，使得 $r(x_0) = 0$，$f(x) = f'(x) = 0$，$a > \dfrac{1}{2}$。

因 $f(x) \geq 0$ 在 $(1,+\infty)$ 内恒成立，故 $\lim\limits_{x \to 1^+} f(x) \geq 0$，即 $1-a-2a^2 \geq 0$，与 $0 < a \leq \dfrac{1}{2}$ 矛盾。

把 $a = 2x - x^2$ 代入 $f'(x)$，得到一个以 x 为自变量的函数 $s(x) = 2x^2 - 2\ln x - 6$，有 $s(1) = -2 < 0$，$s(2) = 2 - 2\ln 2 > 0$，存在 $x_0 \in (1,2)$，使得 $s(x_0) = 0$，$f(x) = f'(x) = 0$，$a = 2x_0 - x_0^2 \in (0,1)$。

因 $f''(x) = 2 - \dfrac{2}{x} + \dfrac{2a}{x^2} > 0, x \in (1,+\infty)$，故 $f'(x)$ 在区间 $(1,+\infty)$ 内单调递增，于是 x_0 是 $f'(x)$ 在区间 $(1,+\infty)$ 内的唯一零点。容易验证，x_0 也是 $f(x)$ 在区间 $(1,+\infty)$ 内的唯一最小值点。

综上所述，存在 $a \in (0,1)$，使得 $f(x) \geq 0$ 在区间 $(1,+\infty)$ 内恒成立，且 $f(x) = 0$ 在区间 $(1,+\infty)$ 内有唯一解。

另解二：

令 $\varphi(x) = \dfrac{x^2 - 2ax - 2a^2 + a}{x + a} - 2\ln x$，则 $f(x) \geq 0$ 在区间 $(1,+\infty)$ 内恒成立，且 $f(x) = 0$ 在区间 $(1,+\infty)$ 内有唯一解，当且仅当 $\varphi(x) \geq 0$ 在区间 $(1,+\infty)$ 内恒成立，且 $\varphi(x) = 0$ 在区间 $(1,+\infty)$ 内有唯一解。

$$\varphi'(x) = \dfrac{x^2 + 2ax - a}{(x+a)^2} - \dfrac{2}{x} = \dfrac{(x+2a)(x^2 - 2x - a)}{x(x+a)^2}$$

$$= \dfrac{(x+2a)(x-1+\sqrt{1+a})(x-1-\sqrt{1+a})}{x(x+a)^2}$$

因 $a > 0$ 且 $x > 1$，故 $\varphi'(x) = 0$ 时，$x = 1 + \sqrt{1+a}$。

当 $x \in (1, 1+\sqrt{1+a})$ 时，$\varphi'(x) < 0$，$\varphi(x)$ 单调递减；当 $x \in (1+\sqrt{1+a}, +\infty)$ 时，$\varphi'(x) > 0$，$\varphi(x)$ 单调递增。于是当 $x = 1 + \sqrt{1+a}$ 时，$\varphi(x)$ 在 $(1,+\infty)$ 达到最小值，此时 $\varphi(x)_{\min} =$

$$\dfrac{(1+\sqrt{1+a})^2 - 2a(1+\sqrt{1+a}) - 2a^2 + a}{1+\sqrt{1+a}+a} - 2\ln(1+\sqrt{1+a})\text{。}$$

令 $h(a) = (1+\sqrt{1+a})^2 - 2a(1+\sqrt{1+a}) - 2a^2 + a - 2(1+\sqrt{1+a}+a)\ln(1+\sqrt{1+a})$，

则 $h(0) = 4 - 4\ln 2 > 0$，$h(1) = -(4+2\sqrt{2})\ln(1+\sqrt{2}) < 0$，于是存在 $a_0 \in (0,1)$，使得 $h(a_0) = 0$。

令 $x_0 = 1 + \sqrt{1+a_0}$，则 $\varphi(x_0) = h(a_0) = 0$ 且 $\varphi'(x_0) = 0$。

当 $1 < x < x_0$ 时，$\varphi(x)$ 单调递减，于是 $\varphi(x) > 0$；当 $x > x_0$ 时，$\varphi(x)$ 单调递增，于是 $\varphi(x) > 0$。

综上所述，存在 $a \in (0,1)$，使得 $f(x) \geq 0$ 在区间 $(1,+\infty)$ 内恒成立，且 $f(x) = 0$ 在区间 $(1,+\infty)$ 内有唯一解。

七、再探第二小题解答

在第四部分的分析中，我们不能用解析式把 x 表示成 a 的函数，但可用解析式把 a 表示成 x 的函数 $a = u(x) = \dfrac{x - \ln x - 1}{1 + x^{-1}}$。容易看出，$a = u(x)$ 是单调递增函数，当 $x \in (1, +\infty)$ 时，有 $a \in (0, +\infty)$。$a = u(x)$ 的反函数为 $x = u^{-1}(a)$，当 $a \in (0, +\infty)$ 时，有 $x \in (1, +\infty)$。特别地，有 $u^{-1}(0) = 1$，$u^{-1}\left(\dfrac{e-2}{1+e^{-1}}\right) = e$。

把 $x = u^{-1}(a)$ 代入 $f(x)$，得到一个以 a 为自变量的函数：

$\varphi(a) = -2\left(u^{-1}(a) + a\right) \ln u^{-1}(a) + \left(u^{-1}(a)\right)^2 - 2au^{-1}(a) - 2a^2 + a$，$a \in (0, +\infty)$。容易看出，$\varphi(0) = 1 > 0$，$\varphi\left(\dfrac{e-2}{1+e^{-1}}\right) = -\dfrac{e(e-2)}{1+e^{-1}} - 2\left(\dfrac{e-2}{1+e^{-1}}\right)^2 < 0$，存在 $a_0 \in \left(0, \dfrac{e-2}{1+e^{-1}}\right)$，使得 $\varphi(a_0) = 0$。

令 $x_0 = u^{-1}(a_0)$，有 $f(x_0) = \varphi(a_0) = 0$，$f'(x_0) = 0$。

因 $f''(x) = 2 - \dfrac{2}{x} + \dfrac{2a}{x^2} > 0, x \in (1, +\infty)$，故 $f'(x)$ 在区间 $(1, +\infty)$ 内单调递增，于是 x_0 是 $f'(x)$ 在区间 $(1, +\infty)$ 内的唯一零点。容易验证，x_0 也是 $f(x)$ 在区间 $(1, +\infty)$ 内的唯一最小值点。

综上所述，存在 $a \in (0,1)$，使得 $f(x) \geq 0$ 在区间 $(1,+\infty)$ 内恒成立，且 $f(x) = 0$ 在区间 $(1,+\infty)$ 内有唯一解。

八、拓展练习

已知函数 $f(x) = -\dfrac{1}{3}x^3 + (x+a)\ln x + a^3 x + a^2 - a$，其中 $a > 0$。

（1）设 $g(x)$ 是 $f(x)$ 的导函数，讨论 $g(x)$ 在区间 $(1, +\infty)$ 内的零点个数；

（2）证明：存在 $a \in (0,1)$，使得 $f(x) \leqslant 0$ 在区间 $(1,+\infty)$ 内恒成立，且 $f(x) = 0$ 在区间 $(1,+\infty)$ 内有唯一解。

拓展练习解答：

因 $f(x) = -\frac{1}{3}x^3 + (x+a)\ln x + a^3 x + a^2 - a\ (a>0)$，故 $g(x) = f'(x) = -x^2 + \ln x + \frac{a}{x} + a^3 + 1(a>0)$，于是 $g'(x) = -2x + \frac{1}{x} - \frac{a}{x^2} < 0\ (a>0, x>1)$，$g(x)$ 在区间 $(1,+\infty)$ 内单调递减。

任给 $a>0$，$g(1) = a + a^3 > 0$，$g(+\infty) < 0$，$g(x)$ 在区间 $(1,+\infty)$ 内有唯一零点 x_a，易证它是 $f(x)$ 在区间 $(1,+\infty)$ 内的唯一最大值点。

反之，任给 $x \in (1,+\infty)$，令 $h(a) = a^3 + \frac{a}{x} - x^2 + \ln x + 1$，则 $h(0) = -x^2 + \ln x + 1 < 0$，$h(+\infty) > 0$，$h'(a) = 3a^2 + \frac{1}{x} > 0$，$h(a)$ 在区间 $(0,+\infty)$ 内单调递增并且有唯一零点 a_x。

由上，知

$$(1,+\infty) \xleftrightarrow{1-1} (0,+\infty)$$

$$x \mapsto a = a(x)$$

即可把 a 看作是 x 的函数 $a(x)$，$x \in (1,+\infty)$。

把 $a = 0$ 代入 $g(x) = 0$，得 $x = 1$；把 $a = 1$ 代入 $g(x) = 0$，有 $-x^2 + \ln x + \frac{1}{x} + 2 = 0$。令 $k(x) = -x^2 + \ln x + \frac{1}{x} + 2$，$x \in (1,+\infty)$，则 $k(\sqrt{3}) > 0$，$k(2) < 0$，存在 $x_1 \in (\sqrt{3}, 2)$，使得 $k(x_1) = 0$。

把 $a = a(x)$ 代入 $g(x) = 0$，得 $-x^2 + \ln x + \frac{a(x)}{x} + a^3(x) + 1 = 0$。两边对 x 求导，得

$-2x + \frac{1}{x} + \frac{a'(x)x - a(x)}{x^2} + 3a^2(x)a'(x) = 0$，于是 $a'(x) = \dfrac{2x - \frac{1}{x} + \frac{a(x)}{x^2}}{3a^2(x) + \frac{1}{x}} > 0$，$a(x)$ 在区间 $(1,+\infty)$ 内单调递增。

由上，知

$$[1,x_1] \xleftrightarrow{1-1} [0,1]$$

$$x \mapsto a = a(x)$$

$$a(x) = 0, a(x_1) = 1, \sqrt{3} < x_1 < 2$$

由 $g(x) = 0$，得 $\ln x = x^2 - \dfrac{a}{x} - a^3 - 1$，与 $a = a(x)$ 一道代入 $f(x)$，得

$$\varphi(x) = \dfrac{2}{3}x^3 + a(x)x^2 - x - \dfrac{a^2(x)}{x} - a^4(x) + a^2(x) - 3a(x)$$

又 $\varphi(1) = -\dfrac{1}{3} < 0$，$\varphi(x_1) = \dfrac{2}{3}x_1^3 + x_1^2 - x_1 - \dfrac{1}{x_1} - 3$。

令 $\psi(t) = \dfrac{2}{3}t^3 + t^2 - t - \dfrac{1}{t} - 3$，$t \in (1, +\infty)$，则 $\psi'(t) = 2t^2 + 2t - 1 + \dfrac{1}{t^2} > 0$，于是 $\psi(t)$ 在区间 $(1, +\infty)$ 内单调递增。又 $x_1 > \sqrt{3}$，故 $\psi(x_1) > \psi(\sqrt{3}) > 0$，即 $\varphi(x_1) > 0$。因而存在 $x_2 \in (1, x_1)$，使得 $\varphi(x_2) = 0$。

令 $a = a(x_2)$，则 $f(x_2) = 0$，$g(x_2) = 0$。

因 $1 < x_2 < x_1$，故 $a(1) < a(x_2) < a(x_1)$，即 $0 < a < 1$。

综上所述，存在 $a \in (0,1)$，使得 $f(x) \leqslant 0$ 在 $(1,+\infty)$ 内恒成立，且 $f(x) = 0$ 在 $(1,+\infty)$ 内有唯一解。

1.3 2016年四川卷理科数学压轴题解析

21. 设函数 $f(x) = ax^2 - a - \ln x$，其中 $a \in \mathbb{R}$。

（1）讨论 $f(x)$ 的单调性；

（2）确定 a 的所有可能取值，使得 $f(x) > \dfrac{1}{x} - e^{1-x}$ 在区间 $(1, +\infty)$ 内恒成立。

下面仅讨论第二小题。

证法一：分离变量，进行放缩。

由 $f(x) > \dfrac{1}{x} - e^{1-x}$，即 $ax^2 - a - \ln x > \dfrac{1}{x} - e^{1-x}$，得 $a > \dfrac{\dfrac{1}{x} - e^{1-x} + \ln x}{x^2 - 1}$。

又 $\dfrac{1}{x} > e^{1-x}$，$\ln x > \dfrac{x-1}{x}$，故 $a > \dfrac{1}{x(x+1)}$。

又 $x \in (1, +\infty)$ 时，$\dfrac{1}{x(x+1)} < \dfrac{1}{2}$，故 $a \geq \dfrac{1}{2}$。

当 $a \geq \dfrac{1}{2}$ 时，有 $ax^2 - a - \ln x \geq \dfrac{1}{2}x^2 - \dfrac{1}{2} - \ln x$，只需验证 $\dfrac{1}{2}x^2 - \dfrac{1}{2} - \ln x > \dfrac{1}{x} - e^{1-x}$ 即可。

令 $g(x) = \dfrac{1}{2}x^2 - \dfrac{1}{2} - \ln x - \dfrac{1}{x} + e^{1-x}$，则 $g'(x) = x - \dfrac{1}{x} + \dfrac{1}{x^2} - e^{1-x}$。

因 $-e^{1-x} > -\dfrac{1}{x}$，故 $g'(x) > x - \dfrac{2}{x} + \dfrac{1}{x^2} > 1 - \dfrac{2}{x} + \dfrac{1}{x^2} = \dfrac{(x-1)^2}{x^2} > 0$。

于是 $g(x)$ 在区间 $(1, +\infty)$ 内单调递增，因而 $g(x) > g(1)$，即 $g(x) > 0$。

综上，$a \geq \dfrac{1}{2}$。

证法二：分离变量，利用洛必达法则。

由 $f(x) > \dfrac{1}{x} - e^{1-x}$，即 $ax^2 - a - \ln x > \dfrac{1}{x} - e^{1-x}$，得 $a > \dfrac{\dfrac{1}{x} - e^{1-x} + \ln x}{x^2 - 1}$，有

$$a \geq \lim_{x \to 1} \dfrac{\dfrac{1}{x} - e^{1-x} + \ln x}{x^2 - 1} \left(\dfrac{0}{0}\text{型,分子分母分别求导}\right)$$

$$= \lim_{x \to 1} \dfrac{-\dfrac{1}{x^2} + e^{1-x} + \dfrac{1}{x}}{2x}$$

$$= \dfrac{1}{2}$$

当 $a \geq \dfrac{1}{2}$ 时，有 $ax^2 - a - \ln x \geq \dfrac{1}{2}x^2 - \dfrac{1}{2} - \ln x$，只需验证 $\dfrac{1}{2}x^2 - \dfrac{1}{2} - \ln x > \dfrac{1}{x} - e^{1-x}$ 即可。

令 $g(x) = \dfrac{1}{2}x^2 - \dfrac{1}{2} - \ln x - \dfrac{1}{x} + e^{1-x}$，则 $g'(x) = x - \dfrac{1}{x} + \dfrac{1}{x^2} - e^{1-x}$。

因 $-e^{1-x} > -\dfrac{1}{x}$，故 $g'(x) > x - \dfrac{2}{x} + \dfrac{1}{x^2} > 1 - \dfrac{2}{x} + \dfrac{1}{x^2} = \dfrac{(x-1)^2}{x^2} > 0$。

于是 $g(x)$ 在区间 $(1, +\infty)$ 内单调递增，因而 $g(x) > g(1)$，即 $g(x) > 0$。

综上，$a \geq \dfrac{1}{2}$。

证法三：找关键点，求出 a 的取值范围，然后进行验证。

令 $F(x) = ax^2 - a - \ln x - \dfrac{1}{x} + e^{1-x}$，则 $F(1) = 0$。

又 $F(x) > 0$，$x \in (1, +\infty)$，故 $F'(1) = \lim\limits_{x \to 1^+} \dfrac{F(x) - F(1)}{x-1} = \lim\limits_{x \to 1^+} \dfrac{F(x)}{x-1} \geq 0$，有 $a \geq \dfrac{1}{2}$。

而 $a \geq \dfrac{1}{2} \Rightarrow F(x) > 0$，$x \in (1, +\infty)$。

证法四：进行循环证明。

给出如下三个命题：

① $ax^2 - a - \ln x > \dfrac{1}{x} - e^{1-x}$；

② $ax^2 - a - \ln x > 0$；

③ $a \geq \dfrac{1}{2}$。

有①$\Rightarrow$②$\Rightarrow$③$\Rightarrow$①。

证法五：分离变量，利用柯西中值定理并进行放缩。

由 $f(x) > \dfrac{1}{x} - e^{1-x}$，即 $ax^2 - a - \ln x > \dfrac{1}{x} - e^{1-x}$，得 $a > \dfrac{\dfrac{1}{x} - e^{1-x} + \ln x}{x^2 - 1}$。

由柯西中值定理，有 $a > \dfrac{\dfrac{1}{y} - \dfrac{1}{y^2} + e^{1-y}}{2y} > \dfrac{1}{2ye^{y-1}}$，这里 $1 < y < x$。

当 $y > 1$ 时，$\dfrac{1}{2ye^{y-1}} < \dfrac{1}{2}$，故 $a \geq \dfrac{1}{2}$。

当 $a \geq \dfrac{1}{2}$ 时，有 $ax^2 - a - \ln x \geq \dfrac{1}{2}x^2 - \dfrac{1}{2} - \ln x > \dfrac{1}{x} - e^{1-x}$。

1.4 2018年全国三卷理科数学压轴题解析

一、试题回放

21. 已知函数 $f(x) = (2 + x + ax^2)\ln(1+x) - 2x$。

（1）若 $a = 0$，证明：当 $-1 < x < 0$ 时，$f(x) < 0$；当 $x > 0$ 时，$f(x) > 0$；

（2）若 $x = 0$ 是 $f(x)$ 的极大值点，求 a。

二、试题简评

本题主要考查导数的运算、导数在研究函数中的应用、函数的零点等基础知识，考查推理论证能力、运算求解能力、创新意识，考查函数与方程、数形结合、分类与整合、转化与化归等数学思想。

本题设置两个小题，其中第一小题证明不等式，考查转化与化归的思想方法，不同水平考生可以利用不同层次的方法解答，能够体现考生的思维水平和数学能力；第二小题作为全卷的压轴，起点低，问题看似常规，但落点高，实际解答过程对考生的逻辑思维能力与运算求解能力提出了很高的要求。这类问题有利于发展学生的数学思维品质，有利于高校选拔有潜能的新生。

三、第一小题解答

解法一：

因 $f(x)=(2+x)\ln(1+x)-2x$，故 $f'(x)=\dfrac{(1+x)\ln(1+x)-x}{1+x}$。

令 $g(x)=(1+x)\ln(1+x)-x$，则 $g'(x)=\ln(1+x)$。

当 $-1<x<0$ 时，$g'(x)<0$，$g(x)$ 单调递减，$g(x)>g(0)=0$，于是 $f'(x)>0$，$f(x)$ 单调递增，$f(x)<f(0)=0$；

当 $x>0$ 时，$g'(x)>0$，$g(x)$ 单调递增，$g(x)>g(0)=0$，于是 $f'(x)>0$，$f(x)$ 单调递增，$f(x)>f(0)=0$。

解法二：

令 $h(x)=\ln(1+x)-\dfrac{2x}{2+x}$，则 $h'(x)=\dfrac{x^2}{(1+x)(2+x)^2}$，$h(x)$ 与 $f(x)$ 同号。

当 $-1<x<0$ 时，$h'(x)>0$，$h(x)$ 单调递增，$h(x)<h(0)=0$，于是 $f(x)<0$；

当 $x>0$ 时，$h'(x)>0$，$h(x)$ 单调递增，$h(x)>h(0)=0$，于是 $f(x)>0$。

四、第二小题解答

解法一：

因 $f(x)=(2+x+ax^2)\ln(1+x)-2x$，$f(0)=0$；

有 $f'(x)=(1+2ax)\ln(1+x)+ax-a-1+\dfrac{1+a}{1+x}$， $f'(0)=0$；

有 $f''(x)=2a\ln(1+x)+3a+\dfrac{1-2a}{1+x}-\dfrac{1+a}{(1+x)^2}$， $f''(0)=0$；

有 $f'''(x)=\dfrac{2a}{1+x}-\dfrac{1-2a}{(1+x)^2}+\dfrac{2+2a}{(1+x)^3}$， $f'''(0)=6a+1$。

令 $f'''(0)=6a+1=0$，得 $a=-\dfrac{1}{6}$，有

$$f(x)=\left(2+x-\dfrac{1}{6}x^2\right)\ln(1+x)-2x$$

$$f''(x)=-\dfrac{1}{3}\ln(1+x)-\dfrac{1}{2}+\dfrac{4}{3(1+x)}-\dfrac{5}{6(1+x)^2}$$

$$f'''(x)=-\dfrac{1}{3(1+x)}-\dfrac{4}{3(1+x)^2}+\dfrac{5}{3(1+x)^3}=-\dfrac{x(6+x)}{3(1+x)^3}$$

现列表如表 1-4 所示。

表 1-4 函数取值变化

x	$(-1,0)$	0	$(0,+\infty)$
$f'''(x)$	+	0	−
$f''(x)$	−	0	−
$f'(x)$	+	0	−
$f(x)$	−	0	−

从表中可知，$x=0$ 是 $f(x)$ 的极大值点（也是最大值点）。

综上，$a=-\dfrac{1}{6}$。

解法二：

因 $x=0$ 是 $f(x)$ 的极大值点，故存在 $(-\delta,\delta)\subset(-1,+\infty)$，使得 $x\in(-\delta,\delta)$ 时，有 $f(x)\leqslant 0$ 恒成立，即 $(2+x+ax^2)\ln(1+x)-2x\leqslant 0$ 恒成立。

由 $(2+x+ax^2)\ln(1+x)-2x\leqslant 0$，得 $a[x^2\ln(1+x)]\leqslant 2x-(2+x)\ln(1+x)$。

当 $x\in(-\delta,0)$ 时，$a\geqslant\dfrac{2x-(2+x)\ln(1+x)}{x^2\ln(1+x)}$，进而 $a\geqslant\lim\limits_{x\to 0}\dfrac{2x-(2+x)\ln(1+x)}{x^2\ln(1+x)}$；

当 $x \in (0, \delta)$ 时，$a \leq \dfrac{2x-(2+x)\ln(1+x)}{x^2 \ln(1+x)}$，进而 $a \leq \lim\limits_{x \to 0} \dfrac{2x-(2+x)\ln(1+x)}{x^2 \ln(1+x)}$。

由上，有

$$a = \lim_{x \to 0} \dfrac{2x-(2+x)\ln(1+x)}{x^2 \ln(1+x)} \quad \left(\dfrac{0}{0}\text{型，分子分母分别求导}\right)$$

$$= \lim_{x \to 0} \dfrac{1-\ln(1+x)-\dfrac{1}{1+x}}{2x\ln(1+x)+x-1+\dfrac{1}{1+x}} \quad \left(\dfrac{0}{0}\text{型，分子分母分别求导}\right)$$

$$= \lim_{x \to 0} \dfrac{-x}{2(1+x)^2 \ln(1+x)+3x^2+4x} \quad \left(\dfrac{0}{0}\text{型，分子分母分别求导}\right)$$

$$= \lim_{x \to 0} \dfrac{-1}{4(1+x)\ln(1+x)+8x+6}$$

$$= -\dfrac{1}{6}$$

当 $a = -\dfrac{1}{6}$ 时，有

$$f(x) = \left(2+x-\dfrac{1}{6}x^2\right)\ln(1+x)-2x$$

$$f''(x) = -\dfrac{1}{3}\ln(1+x)-\dfrac{1}{2}+\dfrac{4}{3(1+x)}-\dfrac{5}{6(1+x)^2}$$

$$f'''(x) = -\dfrac{1}{3(1+x)}-\dfrac{4}{3(1+x)^2}+\dfrac{5}{3(1+x)^3} = -\dfrac{x(6+x)}{3(1+x)^3}$$

现列表如表 1-5 所示。

表 1-5 函数取值变化

x	$(-1,0)$	0	$(0,+\infty)$
$f'''(x)$	+	0	−
$f''(x)$	−	0	−
$f'(x)$	+	0	−
$f(x)$	−	0	−

从表中可知，$x=0$ 是 $f(x)$ 的极大值点（也是最大值点）。

综上，$a = -\dfrac{1}{6}$。

五、考前练习

若 $(ax^2+6x+12)\ln(x+1)-12x \leq 0$ 恒成立，求 a 的取值范围。

这道考前练习题，与前面第二小题几乎完全一样。

下面来说明一下考前练习是如何命制的。

六、命制说明

（一）2014—2016 年四川卷理科数学第 21 题

2014 年四川卷理科数学第 21 题：

已知函数 $f(x)=e^x-ax^2-bx-1$，其中 $a,b\in\mathbb{R}$，$e=2.71828\cdots$ 为自然对数的底数。

（1）设 $g(x)$ 是函数 $f(x)$ 的导函数，求函数 $g(x)$ 在区间 $[0,1]$ 上的最小值；

（2）若 $f(1)=0$，函数 $f(x)$ 在区间 $(0,1)$ 内有零点，求 a 的取值范围。

2015 年四川卷理科数学第 21 题：

已知函数 $f(x)=-2(x+a)\ln x+x^2-2ax-2a^2+a$，其中 $a>0$。

（1）设 $g(x)$ 是 $f(x)$ 的导函数，讨论 $g(x)$ 的单调性；

（2）证明：存在 $a\in(0,1)$，使得 $f(x)\geq 0$ 在区间 $(1,+\infty)$ 内恒成立，且 $f(x)=0$ 在区间 $(1,+\infty)$ 内有唯一解。

2016 年四川卷理科数学第 21 题：

设函数 $f(x)=ax^2-a-\ln x$，其中 $a\in\mathbb{R}$。

（1）讨论 $f(x)$ 的单调性；

（2）确定 a 的所有可能取值，使得 $f(x)>\dfrac{1}{x}-e^{1-x}$ 在区间 $(1,+\infty)$ 内恒成立。

2014—2016 年四川卷理科数学第 21 题共性总结：

（1）都是含参数函数试题；

（2）题设中仅有一个函数；

（3）出现二次函数和指数函数，或出现二次函数和对数函数；

（4）函数中有一个或两个参数；

（5）有两个小题，第一小题求单调区间或极值最值，第二小题有三种情形：

①函数在某区间内有零点，求参数的取值范围；

②证明参数在某区间内取值时，不等式恒成立；

③不等式恒成立，求参数的取值范围。

（二）2018年全国三卷数学第21题猜测

试题结构：

（1）是含参数函数试题；

（2）题设中仅有一个函数；

（3）出现二次函数和指数函数，或出现二次函数和对数函数；

（4）函数中仅有一个参数；

（5）有两个小题，第一小题较易，第二小题较难。

试题题型：

试题为以下题型，或可转化为以下题型：

（1） $f(x)=\left(ax^2+bx+c\right)e^x+rx^2+sx+t$ ；

（2） $f(x)=\left(ax^2+bx+c\right)\ln(x+1)+rx^2+sx+t$ 。

在型（1）和型（2）中， a,b,c,r,s,t 中的某些为参数，其余为常数。一般只研究单参数问题，常数多取 0、±1、±2。

在 2014—2016 年四川卷理科数学第 21 题中，参数出现在 r,s,t 中。

由上，我们可以大胆猜测：2018年全国三卷数学第21题，参数出现在 a,b,c 中。不妨令 a 为参数，其余为常数。

第一小题题型：

（1）求切线方程；

（2）求单调区间或极值、最值；

（3）给定参数取值，证明不等式成立。

由于型（2）在 2014—2016 年四川卷理科数学第 21 题中已经考过，我们可以大胆猜测：2018 年全国三卷数学第21题第一小题，多半为型（1）或型（3）。

第二小题题型：

（1）函数在某区间内有零点，求参数的取值范围；

（2）证明参数在某区间内取值时，不等式恒成立；

（3）不等式恒成立，求参数的取值范围。

由于型（1）、型（2）和型（3）在 2014—2016 年四川卷理科数学第 21 题中已经出现过，我们可以大胆猜测：2018 年全国三卷数学第21题第二小题，多半为型（3）；一般不再考型（1）和型（2），因为型1和型2较难，当年考生得分率很低。

（三）命制考前练习示例

（1）令 $f(x) = (ax^2 + bx + c)e^x + rx^2 + sx + t$，$a$ 是参数，b, c, r, s, t 是常数，我们来研究 $f(x) \geq 0$ 恒成立时参数 a 的取值范围。

因 $f(x) \geq 0$ 恒成立，故 $a \geq 0$ 且 $r \geq 0$，不妨令 $a > 0$。

又 $f(0) = c + t \geq 0$，令 $t = -c$，则 $f(x) = (ax^2 + bx + c)e^x + rx^2 + sx - c$，$f(0) = 0$，于是 $f(x) \geq 0$ 恒成立 $\Leftrightarrow f(x)$ 在 $x = 0$ 处取得最小值且 $f(0) = 0$。

又 $f'(x) = [ax^2 + (2a+b)x + b + c]e^x + 2rx + s$，故 $f'(0) = 0$ 且 $x = 0$ 为 $f'(x)$ 的唯一零点。由 $f'(0) = 0$，得 $s = -b - c$。

又 $f''(x) = [ax^2 + (4a+b)x + 2a + 2b + c]e^x + 2r$。若 $f''(x) \geq 0$，则 $x = 0$ 为 $f'(x)$ 的唯一零点。令 $4a + b = 0$，$2a + 2b + c = 0$，则 $b = -4a$，$c = 6a$，$f''(x) = ax^2 e^x + 2r \geq 0$，$x = 0$ 为 $f'(x)$ 的唯一零点，$f(x)$ 在 $x = 0$ 处取得最小值且 $f(0) = 0$。

由上，有 $a > 0$，$b = -4a$，$c = 6a$，$r \geq 0$，$s = -b - c = -2a$，$t = -c = -6a$。

令 $a = 1$，则

命题一：$(x^2 - 4x + 6)e^x - 2x - 6 \geq 0$ 恒成立。

可押题如下：

若 $(ax^2 - 4x + 6)e^x - (a-1)x^2 - 2x - 6 \geq 0$ 恒成立，求 a 的取值范围。

答案：$a = 1$。

（2）令 $f(x) = (ax^2 + bx + c)\ln(x+1) - rx^2 - sx - t$，$a$ 是参数，b, c, r, s, t 是常数，我们来研究 $f(x) \leq 0$ 恒成立时参数 a 的取值范围。

因 $f(x) \leq 0$ 恒成立，故 $a \leq 0$，不妨令 $a < 0$。

当 $x \in (-1, 0)$ 时，有 $a \geq \dfrac{rx^2 + sx + t - (bx+c)\ln(x+1)}{x^2 \ln(x+1)}$，从而

$$a \geq \lim_{x \to 0^-} \dfrac{rx^2 + sx + t - (bx+c)\ln(x+1)}{x^2 \ln(x+1)}$$

当 $x \in (0, +\infty)$ 时，有 $a \leq \dfrac{rx^2 + sx + t - (bx+c)\ln(x+1)}{x^2 \ln(x+1)}$，从而

$$a \leqslant \lim_{x \to 0^+} \frac{rx^2 + sx + t - (bx+c)\ln(x+1)}{x^2 \ln(x+1)}$$

由上，得

$$a = \lim_{x \to 0} \frac{rx^2 + sx + t - (bx+c)\ln(x+1)}{x^2 \ln(x+1)} \quad \left(\frac{0}{0}\text{型},\ t=0\right)$$

$$= \lim_{x \to 0} \frac{2rx + s - b\ln(x+1) - \dfrac{bx+c}{x+1}}{2x\ln(x+1) + \dfrac{x^2}{x+1}} \quad \left(\frac{0}{0}\text{型},\ s=c\right)$$

$$= \lim_{x \to 0} \frac{2rx^2 + (2r-b+c)x - b(x+1)\ln(x+1)}{x^2 + 2x(x+1)\ln(x+1)} \quad \left(\frac{0}{0}\text{型}\right)$$

$$= \lim_{x \to 0} \frac{4rx - b\ln(x+1) + 2r - 2b + c}{4x + (4x+2)\ln(x+1)} \quad \left(\frac{0}{0}\text{型},\ r=b-\frac{c}{2}\right)$$

$$= \lim_{x \to 0} \frac{4r - \dfrac{b}{x+1}}{4 + 4\ln(x+1) + \dfrac{4x+2}{x+1}}$$

$$= \frac{4r - b}{6}$$

$$= \frac{3b - 2c}{6}$$

于是 $f(x) = (ax^2 + bx + c)\ln(x+1) - \left(b - \dfrac{c}{2}\right)x^2 - cx \leqslant 0$ 恒成立，有 $a = \dfrac{3b-2c}{6}$。

令 $c = 2b$，则 $f(x) = (ax^2 + bx + 2b)\ln(x+1) - 2bx$，有 $a = -\dfrac{b}{6}$。

考虑到 $a < 0$，令 $b = 6$，则 $f(x) = (ax^2 + 6x + 12)\ln(x+1) - 12x$，令 $a = -1$，则

命题二：$(-x^2 + 6x + 12)\ln(x+1) - 12x \leqslant 0$ 恒成立。

由上知，此时可押题如下：

若 $(ax^2 + 6x + 12)\ln(x+1) - 12x \leqslant 0$ 恒成立，求参数 a 的取值范围。

答案：$a = -1$。

七、试题说明

函数 $f(x) = (2 + x + ax^2)\ln(1+x) - 2x$ 可转化为 $g(x) = \ln(1+x) - \dfrac{2x}{2+x+ax^2}$。

当 $a = 0$ 时，$\dfrac{2x}{2+x}$ 其实是 $\ln(1+x)$ 在 $x = 0$ 处的 $(1,1)$ 型帕德逼近；

当 $a = -\dfrac{1}{6}$ 时，$\dfrac{2x}{2+x-\dfrac{1}{6}x^2}$ 其实是 $\ln(1+x)$ 在 $x = 0$ 处的 $(1,2)$ 型帕德逼近。如表 1-6 所示。

表 1-6 指数函数和对数函数的帕德逼近

函 数	逼近型	逼近式
e^x	$(1,1)$	$\dfrac{2+x}{2-x}$
e^x	$(1,2)$	$\dfrac{6+2x}{6-4x+x^2}$
e^x	$(2,1)$	$\dfrac{6+4x+x^2}{6-2x}$
e^x	$(2,2)$	$\dfrac{12+6x+x^2}{12-6x+x^2}$
$\ln(x+1)$	$(1,1)$	$\dfrac{2x}{2+x}$
$\ln(x+1)$	$(1,2)$	$\dfrac{12x}{12+6x-x^2}$
$\ln(x+1)$	$(2,1)$	$\dfrac{6x+x^2}{6+4x}$
$\ln(x+1)$	$(2,2)$	$\dfrac{6x+3x^2}{6+6x-x^2}$

研究函数 $f(x) = (ax^2 + bx + c)e^x + rx^2 + sx + t$，有以下结论：

（1）$(x-2)e^x + x + 2$ 有唯一零点 $x = 0$；

（2）$(x^2 - 2x)e^x + x^2 + 2x \geqslant 0$ 恒成立；

（3）$(2x-6)e^x + x^2 + 4x + 6$ 有唯一零点 $x = 0$；

（4）$(2x-6)e^x + x^2 + 4x + 6 \geqslant 0$ 恒成立；

（5）$(x^2 - 4x + 6)e^x - 2x - 6$ 有唯一零点 $x = 0$；

（6）$(x^2-4x+6)e^x-2x-6 \geqslant 0$ 恒成立；

（7）$(x^2-6x+12)e^x-x^2-6x-12$ 有唯一零点 $x=0$；

（8）$\left(x-6+\dfrac{12}{x}\right)e^x-x-6-\dfrac{12}{x}>0$ 恒成立。

根据以上结论，可命制练习如下：

（1）若 $(ax-6)e^x+x^2+4x+6 \geqslant 0$ 恒成立，求 a 的取值范围。答案：$a=2$。

（2）若 $(x^2+ax+6)e^x-2x-6 \geqslant 0$ 恒成立，求 a 的取值范围。答案：$a=-4$。

（3）若 $(ax^2-4x+6)e^x-(a-1)x^2-2x-6 \geqslant 0$ 恒成立，求 a 的取值范围。答案：$a=1$。

（4）若 $\left(ax-6+\dfrac{12}{x}\right)e^x-x-6-\dfrac{12}{x}>0$ 恒成立，求 a 的取值范围。答案：$a=1$。

研究函数 $f(x)=(ax^2+bx+c)\ln(x+1)+rx^2+sx+t$，有以下结论：

（1）$(x+2)\ln(x+1)-2x$ 有唯一零点 $x=0$；

（2）$(x^2+2x)\ln(x+1)-2x^2 \geqslant 0$ 恒成立；

（3）$(-x^2+6x+12)\ln(x+1)-12x$ 有唯一零点 $x=0$；

（4）$(-x^2+6x+12)\ln(x+1)-12x \leqslant 0$ 恒成立；

（5）$(4x+6)\ln(x+1)-x^2-6x$ 有唯一零点 $x=0$；

（6）$(4x+6)\ln(x+1)-x^2-6x \leqslant 0$ 恒成立；

（7）$(x^2-6x-6)\ln(x+1)+3x^2+6x$ 有唯一零点 $x=0$；

（8）$\left(x-6-\dfrac{6}{x}\right)\ln(x+1)+3x+6>0$ 恒成立。

根据以上结论，可命制练习如下：

（1）若 $(ax^2+6x+12)\ln(x+1)-12x \leqslant 0$ 恒成立，求 a 的取值范围。答案：$a=-1$。

（2）若 $(ax+6)\ln(x+1)-(a-3)x^2-6x \leqslant 0$ 恒成立，求 a 的取值范围。答案：$a=4$。

（3）若 $\left(x-a-\dfrac{6}{x}\right)\ln(x+1)+x^2+3x+6>0$ 恒成立，求 a 的取值范围。答案：$a=1$。

1.5　2020年山东卷数学压轴题解析

一、试题回放

21.已知函数 $f(x)=ae^{x-1}-\ln x+\ln a$。

（1）当 $a=e$ 时，求曲线 $y=f(x)$ 在点 $(1,f(1))$ 处的切线与两坐标轴围成的三角形的面积；

（2）若 $f(x) \geqslant 1$ 恒成立，求 a 的取值范围。

二、试题简评

该题题干简明，问题设计新颖。第一小题比较常规，考生容易解决，着重考查数学"双基"（即导数的几何意义、直线方程、三角形的面积等）。第二小题虽是考生熟悉的不等式恒成立问题，但有很高的难度，考生会遇到两个全新的问题：一是由于函数中同时含有两个超越函数即 e^{x-1} 和 $\ln x$，而平时练习题又鲜有这样的问题形式，这会让考生产生陌生之感甚至无从下手之感；二是函数中的参数 a 分散在两处（即 ae^{x-1} 和 $\ln a$），且不能直接把参数 a 从不等式 $ae^{x-1}-\ln x+\ln a$ 中分离出来，这与平常学习的"套路"很不相同，显然又增加了解决问题的难度。因此，第二小题主要是考查数学思想方法、数学核心素养和创新意识。这类问题有利于发展学生的数学思维品质，有利于高校选拔有潜能的新生。

三、第一小题解答

当 $a=e$ 时，$f(x)=e^x-\ln x+1$，$f'(x)=e^x-\dfrac{1}{x}$，$f(1)=e+1$，$f'(1)=e-1$。曲线 $y=f(x)$ 在点 $(1,f(1))$ 处的切线为 $y=f'(1)(x-1)+f(1)$ 即 $y=(e-1)x+2$。据此知切线的横纵截距分别为 $-\dfrac{2}{e-1}$ 和 2，所求三角形的面积为 $\dfrac{1}{2}\times\dfrac{2}{e-1}\times 2=\dfrac{2}{e-1}$。

四、第二小题解答

解法一：分类讨论。

当 $0<a<1$ 时，$f(1)=a+\ln a<1$。

当 $a=1$ 时，$f(x)=e^{x-1}-\ln x$，$f'(x)=e^{x-1}-\dfrac{1}{x}$。当 $x\in(0,1)$ 时，$f'(x)<0$，$f(x)$ 单调递减；当 $x\in(1,+\infty)$ 时，$f'(x)>0$，$f(x)$ 单调递增。故当 $x=1$ 时，$f(x)$ 取最小值 $f(1)=1$，从而 $f(x)\geqslant 1$。

当 $a>1$ 时，$f(x)=ae^{x-1}-\ln x+\ln a>e^{x-1}-\ln x\geqslant 1$。

综上，$a\in[1,+\infty)$。

解法二：找关键点。

$f(1)=a+\ln a\geqslant 1\Rightarrow a\geqslant 1$。

当 $a\geqslant 1$ 时，$f(x)=ae^{x-1}-\ln x+\ln a\geqslant e^{x-1}-\ln x$。

注意到 $e^{x-1}\geqslant x$，$\ln x\leqslant x-1$，有 $e^{x-1}-\ln x\geqslant x-(x-1)=1$，从而 $f(x)\geqslant 1$ 成立。

综上，$a\in[1,+\infty)$。

解法三：构造同构式。

$f(x)=ae^{x-1}-\ln x+\ln a=e^{x-1+\ln a}-\ln x+\ln a$。

$f(x)\geqslant 1\Leftrightarrow e^{x-1+\ln a}-\ln x+\ln a\geqslant 1\Leftrightarrow e^{x-1+\ln a}+x-1+\ln a\geqslant e^{\ln x}+\ln x$。

令 $g(x)=e^x+x$，则 $g(x)$ 单调递增。

由 $e^{x-1+\ln a}+x-1+\ln a\geqslant e^{\ln x}+\ln x$，得

$g(x-1+\ln a)\geqslant g(\ln x)\Leftrightarrow x-1+\ln a\geqslant \ln x\Leftrightarrow \ln a\geqslant \ln x-x+1$。

令 $h(x)=\ln x-x+1$，则 $h'(x)=\dfrac{1}{x}-1$，$h(x)_{\max}=h(1)=0$。

由上，得 $\ln a\geqslant 0$，即 $a\geqslant 1$。

综上，$a\in[1,+\infty)$。

解法四：变更主元。

令 $g(a)=ae^{x-1}-\ln x+\ln a$，则 $g'(a)=e^{x-1}+\dfrac{1}{a}>0$，于是 $g(a)$ 为单调递增函数。

又 $g(1)=e^{x-1}-\ln x$，注意到 $e^{x-1}\geqslant x$，$\ln x\leqslant x-1$，有 $g(1)\geqslant x-(x-1)=1$，且 $x=1$ 时 $g(1)=1$。

我们断言：$g(a)\geqslant 1\Leftrightarrow g(a)\geqslant g(1)\Leftrightarrow a\geqslant 1$。

因 $g(a)$ 为单调递增函数，故 $g(a) \geqslant g(1) \Leftrightarrow a \geqslant 1$ 显然。

又 $a \geqslant 1 \Rightarrow g(a) \geqslant g(1) \geqslant 1$，故只需证明 $g(a) \geqslant 1 \Rightarrow a \geqslant 1$。

假设 $0 < a < 1$，取 $x = 1$，此时 $g(a) = a + \ln a < 1$，矛盾。

故假设不成立，$a \geqslant 1$。

综上，$a \in [1, +\infty)$。

解法五：利用导数隐零点。

因 $f(x) = ae^{x-1} - \ln x + \ln a$，故 $f'(x) = ae^{x-1} - \dfrac{1}{x}$，$f''(x) = ae^{x-1} + \dfrac{1}{x^2} > 0$，于是 $f'(x)$ 为单调递增函数，有唯一零点 $x = t$。容易看出，$x = t$ 为 $f(x)$ 唯一的最小值点。

由 $f'(t) = ae^{t-1} - \dfrac{1}{t} = 0$，得 $a = \dfrac{1}{te^{t-1}}$，有 $f(x)_{\min} = f(t) = 1 - t + \dfrac{1}{t} - 2\ln t$。

因 $f(x) \geqslant 1$，故 $1 - t + \dfrac{1}{t} - 2\ln t \geqslant 1$。

令 $g(t) = 1 - t + \dfrac{1}{t} - 2\ln t$，则 $g(1) = 1$，$g'(t) = -1 - \dfrac{2}{t} - \dfrac{1}{t^2} < 0$，故 $g(t)$ 单调递减。

又 $f(x) \geqslant 1 \Rightarrow g(t) \geqslant 1 \Rightarrow g(t) \geqslant g(1) \Rightarrow 0 < t \leqslant 1$，故 $a = \dfrac{1}{te^{t-1}} \in [1, +\infty)$。

综上，$a \in [1, +\infty)$。

五、2020 年华中师大一附中模考题

已知 $f(x) = e^x - a\ln(ax - a) + a$（$a > 0$）。若 $f(x) > 0$ 恒成立，求 a 的取值范围。

解：

由 $a > 0$，知 $x > 1$。

令 $g(x) = \dfrac{e^x}{a} - \ln(x-1) - \ln a + 1$，则 $f(x) > 0 \Leftrightarrow g(x) > 0$。

又 $g'(x) = \dfrac{e^x}{a} - \dfrac{1}{x-1}$，$g''(x) = \dfrac{e^x}{a} + \dfrac{1}{(x-1)^2} > 0$，故 $g'(x)$ 单调递增且有唯一零点 t。

容易看出，零点 t 为 $g(x)$ 的最小值点。

由 $g'(t) = \dfrac{e^t}{a} - \dfrac{1}{t-1} = 0$，得 $a = (t-1)e^t$，有 $g(x)_{\min} = g(t) = 1 - t - 2\ln(t-1) + \dfrac{1}{t-1}$。

令 $h(t) = 1 - t - 2\ln(t-1) + \dfrac{1}{t-1}$，则 $h(2) = 0$。

又 $h'(t) = -1 - \dfrac{2}{t-1} - \dfrac{1}{(t-1)^2} < 0$，故 $h(t)$ 单调递减。

又 $f(x) > 0 \Rightarrow h(t) > 0 \Rightarrow h(t) > h(2) \Rightarrow 0 < t < 2$，故 $a = (t-1)\mathrm{e}^t \in (1, \mathrm{e}^2)$。

综上，$0 < a < \mathrm{e}^2$。

注：2020 年华中师大一附中模考题的解法，与 2020 年山东卷数学第 21 题解法五相同，这两道题有什么关系？

六、几点启示

（1）2020 年华中师大一附中模考题与 2020 年山东卷数学第 21 题本质相同，这是因为

$$\mathrm{e}^x - a\ln(ax-a) + a > 0 \Leftrightarrow \dfrac{\mathrm{e}^x}{a} - \ln(x-1) - \ln a + 1 > 0$$

$$\overset{b=\frac{1}{a}}{\Leftrightarrow} b\mathrm{e}^x - \ln(x-1) + \ln b + 1 > 0 \overset{t=x-1}{\Leftrightarrow} b\mathrm{e}^{t+1} - \ln t + \ln b + 1 > 0$$

$$\Leftrightarrow (b\mathrm{e}^2)\mathrm{e}^{t-1} - \ln t + \ln(b\mathrm{e}^2) - 1 > 0 \overset{c=b\mathrm{e}^2}{\Leftrightarrow} c\mathrm{e}^{t-1} - \ln t + \ln c > 1$$

（2）从形式上看，2020 年华中师大一附中模考题要"丑"一些，2020 年山东卷数学第 21 题要"美"一些。

（3）从时间上看，应该是先有 2020 年华中师大一附中模考题，后有 2020 年山东卷数学第 21 题。

（4）我们推断，2020 年华中师大一附中模考题，应该进入了 2020 年高考数学试题库并加以改造，成为 2020 年山东卷数学第 21 题。对于像华中师大一附中这样顶尖名校的模考题，我们应该高度关注，适当改造，进行练习。

七、求参数取值范围的常用方法

1. 对参数进行分类讨论

已知 $f(x)$，a 为参数，通过观察对 a 进行分类讨论。

2. 找关键点或利用极端准则等方法

已知 $f(x)$，a 为参数，通过观察找 x 的特殊取值或极限，求出 a 的取值范围并验证。

3. 把函数的极值点转化为参数的函数

已知 $f(x)$，a 为参数，由 $f'(x) = 0 \Rightarrow x = g(a)$。

4. 把函数的参数转化为极值点的函数

已知 $f(x)$，a 为参数，由 $f'(x) = 0 \Rightarrow a = g(x)$。

5. 分离参数，构造函数

已知 $f(x)$，a 为参数，由 $f(x)$ 满足的关系推出 $a \vee g(x)$。

6. 变更主元

已知 $f(x)$，a 为参数，把以 x 为自变量的函数 $f(x)$ 写成以 a 为自变量的函数 $g(a)$。

7. 构造同构式

已知 $f(x)$，a 为参数，构造一个单调函数 $g(y)$，把 $f(x)$ 满足的关系转化为比较 $g(y)$ 在两点 $y_1(a)$ 和 $y_2(a)$ 的大小，推出 $y_1(a) \vee y_2(a)$，进而求出 a 的取值范围。

1.6 2008 年江西卷理科数学压轴题解析

一、史上最难高考数学题

网络上搜索"史上最难高考数学题"，不少网友认为 2008 年江西卷理科数学第 22 题（压轴题）最难。

22. 已知函数 $f(x) = \dfrac{1}{\sqrt{1+a}} + \dfrac{1}{\sqrt{1+x}} + \sqrt{\dfrac{ax}{8+ax}}$，$x \in (0, +\infty)$。

（1）当 $a = 8$ 时，求 $f(x)$ 的单调区间；

（2）对任意正数 a，证明：$1 < f(x) < 2$。

2008 年江西省理科数学平均分为 69.37，比 2007 年下降 19.87。第 22 题的难度系数为 0.11，属于超难题。该题第二小题右边的不等式，当年无考生证出。满分 14 分的题，全省 9 分一人、8 分两人。有人认为第二小题基本属于废题，不适合作高考题。

命题人陶平生教授给出了解答，在有限的考试时间内，考生不容易想到。

第 22 题还引起了张景中院士的关注。他认为该题第二小题较难，适合竞赛而不适合高考，并给出一个解答供参考。

本文作者深入研究了第 22 题，也给出一个解答供参考。

二、陶平生教授的解答

（1）当 $a = 8$ 时，$f(x) = \dfrac{1}{3} + \dfrac{1+\sqrt{x}}{\sqrt{1+x}}$，$f'(x) = \dfrac{1-\sqrt{x}}{2\sqrt{x(1+x)^3}}$。

当 $x \in (0,1)$ 时，$f'(x) > 0$；当 $x \in (1, +\infty)$ 时，$f'(x) < 0$。

于是 $f(x)$ 在 $x \in (0,1]$ 单调递增，在 $x \in [1, +\infty)$ 单调递减。

（2）对任意正数 a 和 x，有 $f(x) = \dfrac{1}{\sqrt{1+a}} + \dfrac{1}{\sqrt{1+x}} + \dfrac{1}{\sqrt{1+\dfrac{8}{ax}}}$。

令 $y = \dfrac{8}{ax}$，则 $axy = 8$，$f(x) = \dfrac{1}{\sqrt{1+a}} + \dfrac{1}{\sqrt{1+x}} + \dfrac{1}{\sqrt{1+y}}$。

①先证 $f(x) > 1$。

因 $axy = 8$，故 $a + x + y \geq 3\sqrt[3]{axy}$，即 $a + x + y \geq 6$，有

$$\dfrac{1}{\sqrt{1+a}} + \dfrac{1}{\sqrt{1+x}} + \dfrac{1}{\sqrt{1+y}} > \dfrac{1}{1+a} + \dfrac{1}{1+x} + \dfrac{1}{1+y} = \dfrac{3 + 2(a+x+y) + (ax+ay+xy)}{9 + (a+x+y) + (ax+ay+xy)}$$

$$\geq \dfrac{9 + (a+x+y) + (ax+ay+xy)}{9 + (a+x+y) + (ax+ay+xy)} = 1$$

于是 $f(x) > 1$。

②再证 $f(x) < 2$。

因 $axy = 8$，不妨设 $a \geq x \geq y$，则 $0 < y \leq 2$。

第一种情形：若 $x + y \geq 7$，则 $a \geq x \geq 5$。

因 $\dfrac{1}{\sqrt{1+a}} + \dfrac{1}{\sqrt{1+x}} \leq \dfrac{2}{\sqrt{1+5}} < 1$，$\dfrac{1}{\sqrt{1+y}} < 1$，

故 $f(x) = \dfrac{1}{\sqrt{1+a}} + \dfrac{1}{\sqrt{1+x}} + \dfrac{1}{\sqrt{1+y}} < 2$。

第二种情形：若 $x + y < 7$，则 $a = \dfrac{8}{xy}$，$\dfrac{1}{\sqrt{1+a}} = \sqrt{\dfrac{xy}{8+xy}}$。

因 $\dfrac{1}{1+x} < 1 - \dfrac{x}{1+x} + \dfrac{x^2}{4(1+x)^2} = \left(1 - \dfrac{x}{2(1+x)}\right)^2$，故 $\dfrac{1}{\sqrt{1+x}} < 1 - \dfrac{x}{2(1+x)}$。

同理，$\dfrac{1}{\sqrt{1+y}} < 1 - \dfrac{y}{2(1+y)}$。

于是 $f(x) < 2 - \dfrac{1}{2}\left(\dfrac{x}{1+x} + \dfrac{y}{1+y} - 2\sqrt{\dfrac{xy}{8+xy}}\right)$。

今证 $\dfrac{x}{1+x} + \dfrac{y}{1+y} > 2\sqrt{\dfrac{xy}{8+xy}}$。

因 $\dfrac{x}{1+x} + \dfrac{y}{1+y} \geqslant 2\sqrt{\dfrac{xy}{(1+x)(1+y)}}$,

只需证 $\dfrac{xy}{(1+x)(1+y)} > \dfrac{xy}{8+xy}$,即 $(1+x)(1+y) < 8+xy$,也就是 $x+y < 7$。

因 $x+y < 7$ 成立,故 $f(x) < 2$。

三、张景中院士的解答

仅证明 $f(x) < 2$。

对任意正数 a 和 x,有 $f(x) = \dfrac{1}{\sqrt{1+a}} + \dfrac{1}{\sqrt{1+x}} + \dfrac{1}{\sqrt{1+\dfrac{8}{ax}}}$。

令 $y = \dfrac{8}{ax}$,则 $axy = 8$,$f(x) = \dfrac{1}{\sqrt{1+a}} + \dfrac{1}{\sqrt{1+x}} + \dfrac{1}{\sqrt{1+y}}$。

不妨设 $a \leqslant x \leqslant y$,则 $y \geqslant 2$,$ax \leqslant 4$。

令 $k = ax$,则 $a = \dfrac{k}{x}$,$y = \dfrac{8}{k}$,$0 < k \leqslant 4$,于是 $f(x) = \dfrac{1}{\sqrt{1+x}} + \dfrac{1}{\sqrt{1+\dfrac{k}{x}}} + \dfrac{1}{\sqrt{1+\dfrac{8}{k}}}$。

固定 k,即把 k 看作常数,有

$$f'(x) = \dfrac{1}{2}\left[\dfrac{k}{x^2}\left(1+\dfrac{k}{x}\right)^{-\frac{3}{2}} - (1+x)^{-\frac{3}{2}}\right] = \left[k^2(1+x)^3 - x(k+x)^3\right]F(x,k)$$

其中,代数式 $F(x,k) > 0$。

令 $g(x) = k^2(1+x)^3 - x(k+x)^3$,则 $g(\sqrt{k}) = 0$,有 $g(x) = (k-x^2)\left[x^2 - k(k-3)x + k\right]$。

方程 $x^2 - k(k-3)x + k = 0$ 的判别式 $\Delta = k^2(k-3)^2 - 4k = k(k-1)^2(k-4) \leqslant 0$。

当 $\Delta = 0$ 时,有 $k=1$ 或 $k=4$。

若 $k=1$,则 $y=8$,有 $f(x) = \dfrac{1+\sqrt{x}}{\sqrt{1+x}} + \dfrac{1}{3} \leqslant \sqrt{2} + \dfrac{1}{3} < 2$。

若 $k=4$,则 $ax=4$,$y=2$。因 $x \leqslant a \leqslant y$,故 $x=a=y=2$,有 $f(x) = \sqrt{3} < 2$。

当 $\Delta < 0$ 时，方程 $x^2 - k(k-3)x + k = 0$ 无实根，不等式 $x^2 - k(k-3)x + k > 0$ 恒成立，$g(x)$ 在区间 $(0, \sqrt{k})$ 内为正，$f'(x)$ 在区间 $(0, \sqrt{k})$ 内为正，$f(x)$ 在区间 $(0, \sqrt{k}]$ 内单调递增，有 $f(x) \leq f(\sqrt{k})$，即 $f(x) \leq \dfrac{2}{\sqrt{1+\sqrt{k}}} + \sqrt{\dfrac{k}{8+k}}$。

令 $t = \sqrt{k}$，$h(t) = \dfrac{2}{\sqrt{1+t}} + \dfrac{t}{\sqrt{8+t^2}}$，这里 $t \in (0, 2]$。

因 $h'(t) = 8(1+t)^{-\frac{3}{2}} - (8+t^2)^{-\frac{3}{2}} = -(t-2)^2 H(t) \leq 0$，代数式 $H(t) > 0$，故 $h(t)$ 在区间 $(0, 2]$ 单调递减，$h(t) < \lim\limits_{t \to 0} h(t)$，即 $h(t) < 2$。

综上，有 $f(x) < 2$。

四、本文作者的解答

仅证明 $1 < f(x) < 2$。

对任意正数 a 和 x，有 $f(x) = \dfrac{1}{\sqrt{1+a}} + \dfrac{1}{\sqrt{1+x}} + \dfrac{1}{\sqrt{1+\dfrac{8}{ax}}}$。

令 $y = \dfrac{8}{ax}$，则 $axy = 8$，$f(x) = \dfrac{1}{\sqrt{1+a}} + \dfrac{1}{\sqrt{1+x}} + \dfrac{1}{\sqrt{1+y}}$。

不妨设 $a \geq x \geq y$，则 $a \geq 2$。

第一种情形：

当 $2 \leq a < 8$ 时，有

$$f(x) \geq \dfrac{3}{\sqrt{1+a}} > 1$$

$$f(x) = \dfrac{1}{\sqrt{1+a}} + \dfrac{1}{\sqrt{1+x}} + \sqrt{\dfrac{ax}{8+ax}} < \dfrac{1}{\sqrt{3}} + \dfrac{1}{\sqrt{1+x}} + \sqrt{\dfrac{8x}{8+8x}}$$

$$= \dfrac{1}{\sqrt{3}} + \dfrac{1+\sqrt{x}}{\sqrt{1+x}} \leq \dfrac{1}{\sqrt{3}} + \sqrt{2} < 2$$

故 $1 < f(x) < 2$。

第二种情形：

当 $a \geq 8$ 时，$xy = \dfrac{8}{a} \leq 1$，有

$$f(x) = \frac{1}{\sqrt{1+a}} + \frac{1}{\sqrt{1+x}} + \sqrt{\frac{ax}{8+ax}} > \frac{1}{\sqrt{1+x}} + \sqrt{\frac{8x}{8+8x}} > \frac{1}{1+x} + \frac{x}{1+x} = 1$$

当 $xy \leqslant 1$ 时，易证 $\dfrac{1}{\sqrt{1+x}} + \dfrac{1}{\sqrt{1+y}} \leqslant \dfrac{2}{\sqrt{1+\sqrt{xy}}}$，于是

$$f(x) = \frac{1}{\sqrt{1+x}} + \frac{1}{\sqrt{1+y}} + \sqrt{\frac{xy}{8+xy}} \leqslant \frac{2}{\sqrt{1+\sqrt{xy}}} + \sqrt{\frac{xy}{8+xy}}$$

令 $t = \sqrt{xy}$，$h(t) = \dfrac{2}{\sqrt{1+t}} + \dfrac{t}{\sqrt{8+t^2}}$，这里 $t \in (0,1]$。

因 $h'(t) = 8(1+t)^{-\frac{3}{2}} - (8+t^2)^{-\frac{3}{2}} = -(t-2)^2 H(t) \leqslant 0$，代数式 $H(t) > 0$，故 $h(t)$ 在区间 $(0,1]$ 单调递减，$h(t) < \lim\limits_{t \to 0} h(t)$，即 $h(t) < 2$，有 $f(x) < 2$。

故 $1 < f(x) < 2$。

五、一位网友的最简证法

仅证明 $1 < f(x) < 2$。

对任意正数 a 和 x，有 $f(x) = \dfrac{1}{\sqrt{1+a}} + \dfrac{1}{\sqrt{1+x}} + \dfrac{1}{\sqrt{1+\dfrac{8}{ax}}}$。

令 $y = \dfrac{8}{ax}$，则 $axy = 8$，$f(x) = \dfrac{1}{\sqrt{1+a}} + \dfrac{1}{\sqrt{1+x}} + \dfrac{1}{\sqrt{1+y}}$。

令 $A = \dfrac{1}{\sqrt{1+a}}$，$B = \dfrac{1}{\sqrt{1+x}}$，$C = \dfrac{1}{\sqrt{1+y}}$，则 $0 < A < 1$，$0 < B < 1$，$0 < C < 1$。

又 $a = \dfrac{1-A^2}{A^2}$，$x = \dfrac{1-B^2}{B^2}$，$y = \dfrac{1-C^2}{C^2}$，故 $axy = \dfrac{(1-A^2)(1-B^2)(1-C^2)}{A^2 B^2 C^2}$，于是 $8A^2 B^2 C^2 = (1-A^2)(1-B^2)(1-C^2)$，欲证 $1 < A+B+C < 2$。

若 $A+B+C \leqslant 1$，则 $1-A^2 = (1+A)(1-A) > 1-A \geqslant B+C \geqslant 2\sqrt{BC}$。

同理，$1-B^2 > 2\sqrt{CA}$，$1-C^2 > 2\sqrt{AB}$。

于是 $8A^2 B^2 C^2 = (1-A^2)(1-B^2)(1-C^2) > 8ABC \Rightarrow ABC > 1$，矛盾。

若 $A+B+C \geqslant 2$，则 $1-A^2 = (1+A)(1-A) < 2(1-A) \leqslant 2(B+C-1) < 2BC$。

同理，$1-B^2 < 2CA$，$1-C^2 < 2AB$。

于是 $8A^2 B^2 C^2 = (1-A^2)(1-B^2)(1-C^2) < 8A^2 B^2 C^2$，矛盾。

综上，$1 < A+B+C < 2$，即 $1 < f(x) < 2$。

六、几点注解

（1）2008年江西卷理科数学第22题的第二小题，网上还有不少证法，包括国内外一些不等式高手的证法。但因较为繁琐或要用到较多的高等数学知识，本文不再一一列出。

（2）陶平生教授的证法最为精巧，只需恰当地分类即可，但技巧性高，不容易想到。

（3）张景中院士的证法最为自然，减少变元，进行化归与转化，但解高次方程时要善于观察并用到因式分解的技巧。

（4）本文作者的证法介于陶张两先生之间，既进行分类，又进行化归与转化，降低了技巧性的要求。

（5）本文作者不赞成第二小题属于废题之说，虽然较难，作为高考题也未尝不可：一是避免教师和学生猜题押宝，具有良好的导向作用；二是体现试题的选拔功能。

（6）对学科教学的启示：一是务必展示思维过程，让学生领悟数学的思想和方法；二是注重培养核心素养，让学生发展应变的能力和提升解题的信心。

2 教学研究

2.1 研究试题的三个基本方法

一、一题多解，异中求同，形成知识体系

2021年5月成都三诊理科数学第12题：

已知等边 $\triangle ABC$ 的顶点均在圆 $x^2+y^2=4$ 上，点 $P(\sqrt{3},\sqrt{6})$，则 $\overrightarrow{PA}\cdot\overrightarrow{PB}+\overrightarrow{PA}\cdot\overrightarrow{PC}$ 的最小值为（　　）。

  A.1   B.10   C.8   D.2

解法一：向量法。

令坐标原点为 O，则

$$\overrightarrow{PA}\cdot\overrightarrow{PB}+\overrightarrow{PA}\cdot\overrightarrow{PC}=\overrightarrow{PA}\left(\overrightarrow{PB}+\overrightarrow{PC}\right)=\left(\overrightarrow{OA}-\overrightarrow{OP}\right)\left(\overrightarrow{OB}+\overrightarrow{OC}-2\overrightarrow{OP}\right)$$

注意到 $\overrightarrow{OA}+\overrightarrow{OB}+\overrightarrow{OC}=0$，有 $\overrightarrow{OB}+\overrightarrow{OC}=-\overrightarrow{OA}$，于是

$$\overrightarrow{PA}\cdot\overrightarrow{PB}+\overrightarrow{PA}\cdot\overrightarrow{PC}=\left(\overrightarrow{OA}-\overrightarrow{OP}\right)\left(-\overrightarrow{OA}-2\overrightarrow{OP}\right)=2\overrightarrow{OP}^2-\overrightarrow{OA}^2-\overrightarrow{OA}\cdot\overrightarrow{OP}$$

注意到 $\overrightarrow{OA}\cdot\overrightarrow{OP}\leqslant\left|\overrightarrow{OA}\right|\cdot\left|\overrightarrow{OP}\right|$，于是

$$\overrightarrow{PA}\cdot\overrightarrow{PB}+\overrightarrow{PA}\cdot\overrightarrow{PC}\geqslant 2\overrightarrow{OP}^2-\overrightarrow{OA}^2-\left|\overrightarrow{OA}\right|\cdot\left|\overrightarrow{OP}\right|=2\times 3^2-2^2-2\times 3=8$$

解法二：直接坐标法。

令 $A(2\cos\theta,2\sin\theta)$，则 $\overrightarrow{PA}=\left(2\cos\theta-\sqrt{3},2\sin\theta-\sqrt{6}\right)$；

有 $B\left(2\cos\left(\theta+\dfrac{2\pi}{3}\right),2\sin\left(\theta+\dfrac{2\pi}{3}\right)\right)$，于是

$$\overrightarrow{PB}=\left(2\cos\left(\theta+\dfrac{2\pi}{3}\right)-\sqrt{3},2\sin\left(\theta+\dfrac{2\pi}{3}\right)-\sqrt{6}\right)$$

有 $C\left(2\cos\left(\theta-\dfrac{2\pi}{3}\right),2\sin\left(\theta-\dfrac{2\pi}{3}\right)\right)$，于是

$$\overrightarrow{PC}=\left(2\cos\left(\theta-\dfrac{2\pi}{3}\right)-\sqrt{3},2\sin\left(\theta-\dfrac{2\pi}{3}\right)-\sqrt{6}\right)$$

故 $\overrightarrow{PB}+\overrightarrow{PC}=\left(-2\cos\theta-2\sqrt{3},-2\sin\theta-2\sqrt{6}\right)$。

又 $\overrightarrow{PA} \cdot \overrightarrow{PB} + \overrightarrow{PA} \cdot \overrightarrow{PC} = \overrightarrow{PA}(\overrightarrow{PB} + \overrightarrow{PC}) = 14 - 2\sqrt{6}\sin\theta - 2\sqrt{3}\cos\theta$；

令 $\sin\varphi = \dfrac{\sqrt{3}}{3}$，$\cos\varphi = \dfrac{\sqrt{6}}{3}$，则 $14 - 2\sqrt{6}\sin\theta - 2\sqrt{3}\cos\theta = 14 - 6\sin(\theta + \phi)$，有 $\overrightarrow{PA} \cdot \overrightarrow{PB} + \overrightarrow{PA} \cdot \overrightarrow{PC} = 14 - 6\sin(\theta + \phi)$。

取 $\sin(\theta + \phi) = 1$，则 $\overrightarrow{PA} \cdot \overrightarrow{PB} + \overrightarrow{PA} \cdot \overrightarrow{PC}$ 的最小值为 8。

解法三：改进坐标法。

显然 $|OP| = 3$，点 $P(\sqrt{3}, \sqrt{6})$ 在圆 $x^2 + y^2 = 9$ 上。将 OP 绕坐标原点 O 逆时针旋转到 y 轴上，同时等边 $\triangle ABC$ 做相应的旋转，则 $\overrightarrow{PA} \cdot \overrightarrow{PB} + \overrightarrow{PA} \cdot \overrightarrow{PC}$ 的值不变。

令 $P(0,3)$，$A(2\cos\theta, 2\sin\theta)$，则 $\overrightarrow{PA} = (2\cos\theta, 2\sin\theta - 3)$；

有 $B\left(2\cos\left(\theta + \dfrac{2\pi}{3}\right), 2\sin\left(\theta + \dfrac{2\pi}{3}\right)\right)$，$\overrightarrow{PB} = \left(2\cos\left(\theta + \dfrac{2\pi}{3}\right), 2\sin\left(\theta + \dfrac{2\pi}{3}\right) - 3\right)$；

有 $C\left(2\cos\left(\theta - \dfrac{2\pi}{3}\right), 2\sin\left(\theta - \dfrac{2\pi}{3}\right)\right)$，$\overrightarrow{PC} = \left(2\cos\left(\theta - \dfrac{2\pi}{3}\right), 2\sin\left(\theta - \dfrac{2\pi}{3}\right) - 3\right)$；

故 $\overrightarrow{PB} + \overrightarrow{PC} = (-2\cos\theta, -2\sin\theta - 6)$。

又 $\overrightarrow{PA} \cdot \overrightarrow{PB} + \overrightarrow{PA} \cdot \overrightarrow{PC} = \overrightarrow{PA}(\overrightarrow{PB} + \overrightarrow{PC}) = 14 - 6\sin\theta$，

取 $\sin\theta = 1$，则 $\overrightarrow{PA} \cdot \overrightarrow{PB} + \overrightarrow{PA} \cdot \overrightarrow{PC}$ 的最小值为 8。

二、一题多变，同中求异，发展思维能力

（一）2021 年 5 月成都三诊理科数学第 12 题

已知等边 $\triangle ABC$ 的顶点均在圆 $x^2 + y^2 = 4$ 上，点 $P(\sqrt{3}, \sqrt{6})$，则 $\overrightarrow{PA} \cdot \overrightarrow{PB} + \overrightarrow{PA} \cdot \overrightarrow{PC}$ 的最小值为（　　）。

A.1　　　　　　　B.10　　　　　　　C.8　　　　　　　D.2

变式训练一：变点 P 的位置。

已知等边 $\triangle ABC$ 的顶点均在圆 $x^2 + y^2 = 4$ 上，点 P 在椭圆 $\dfrac{x^2}{16} + \dfrac{y^2}{9} = 1$ 上，求表达式

$\overrightarrow{PA} \cdot \overrightarrow{PB} + \overrightarrow{PA} \cdot \overrightarrow{PC}$ 的取值范围。

解：

令 $|OP| = r$，则 $3 \leq r \leq 4$，点 P 在圆 $x^2 + y^2 = r^2$ 上，$\overrightarrow{PA} \cdot \overrightarrow{PB} + \overrightarrow{PA} \cdot \overrightarrow{PC}$ 的取值范围与点 P 在圆 $x^2 + y^2 = r^2$ 上的位置无关。

令 $P(0, r)$，$A(2\cos\theta, 2\sin\theta)$，则 $\overrightarrow{PA} = (2\cos\theta, 2\sin\theta - r)$；

有 $B\left(2\cos\left(\theta + \dfrac{2\pi}{3}\right), 2\sin\left(\theta + \dfrac{2\pi}{3}\right)\right)$，$\overrightarrow{PB} = \left(2\cos\left(\theta + \dfrac{2\pi}{3}\right), 2\sin\left(\theta + \dfrac{2\pi}{3}\right) - r\right)$；

有 $C\left(2\cos\left(\theta - \dfrac{2\pi}{3}\right), 2\sin\left(\theta - \dfrac{2\pi}{3}\right)\right)$，$\overrightarrow{PC} = \left(2\cos\left(\theta - \dfrac{2\pi}{3}\right), 2\sin\left(\theta - \dfrac{2\pi}{3}\right) - r\right)$；

故 $\overrightarrow{PB} + \overrightarrow{PC} = (-2\cos\theta, -2\sin\theta - 2r)$。

又 $\overrightarrow{PA} \cdot \overrightarrow{PB} + \overrightarrow{PA} \cdot \overrightarrow{PC} = \overrightarrow{PA}\left(\overrightarrow{PB} + \overrightarrow{PC}\right) = 2r^2 - 2r\sin\theta - 4$；

取 $r = 3$，$\sin\theta = 1$，则 $\overrightarrow{PA} \cdot \overrightarrow{PB} + \overrightarrow{PA} \cdot \overrightarrow{PC}$ 的最小值为 8；

取 $r = 4$，$\sin\theta = -1$，则 $\overrightarrow{PA} \cdot \overrightarrow{PB} + \overrightarrow{PA} \cdot \overrightarrow{PC}$ 的最大值为 36；

故 $\overrightarrow{PA} \cdot \overrightarrow{PB} + \overrightarrow{PA} \cdot \overrightarrow{PC} \in [8, 36]$。

变式训练二：再次变点 P 的位置。

已知等边 $\triangle ABC$ 的顶点均在圆 $x^2 + y^2 = 4$ 上，点 P 在曲线 $y = \sqrt{e^{x-1} - 3\ln x + 7}$ 上，求 $\overrightarrow{PA} \cdot \overrightarrow{PB} + \overrightarrow{PA} \cdot \overrightarrow{PC}$ 的最小值。

解：

令 $|OP| = r$，点 P 在圆 $x^2 + y^2 = r^2$ 上，$\overrightarrow{PA} \cdot \overrightarrow{PB} + \overrightarrow{PA} \cdot \overrightarrow{PC}$ 的取值范围与点 P 在这个圆上的位置无关。

令 $P(0, r)$，$A(2\cos\theta, 2\sin\theta)$，则 $\overrightarrow{PA} = (2\cos\theta, 2\sin\theta - r)$；

有 $B\left(2\cos\left(\theta + \dfrac{2\pi}{3}\right), 2\sin\left(\theta + \dfrac{2\pi}{3}\right)\right)$，$\overrightarrow{PB} = \left(2\cos\left(\theta + \dfrac{2\pi}{3}\right), 2\sin\left(\theta + \dfrac{2\pi}{3}\right) - r\right)$；

有 $C\left(2\cos\left(\theta-\dfrac{2\pi}{3}\right),2\sin\left(\theta-\dfrac{2\pi}{3}\right)\right)$，$\overrightarrow{PC}=\left(2\cos\left(\theta-\dfrac{2\pi}{3}\right),2\sin\left(\theta-\dfrac{2\pi}{3}\right)-r\right)$；

故 $\overrightarrow{PB}+\overrightarrow{PC}=(-2\cos\theta,-2\sin\theta-2r)$，

有 $\overrightarrow{PA}\cdot\overrightarrow{PB}+\overrightarrow{PA}\cdot\overrightarrow{PC}=\overrightarrow{PA}\left(\overrightarrow{PB}+\overrightarrow{PC}\right)=2r^2-2r\sin\theta-4$。

因 $r=\sqrt{e^{x-1}+x^2-3\ln x+7}$，令 $f(x)=e^{x-1}+x^2-3\ln x+7$，$f'(x)=e^{x-1}+2x-\dfrac{3}{x}$，

$f''(x)=e^{x-1}+2+\dfrac{3}{x^2}>0$，$f'(x)$ 单调递增且有唯一零点 $x=1$，于是 $x=1$ 为 $f(x)$ 的最小值点，

$f(x)_{\min}=f(1)=9$，故 $r\geqslant 3$。

取 $r=3$，$\sin\theta=1$，则 $\overrightarrow{PA}\cdot\overrightarrow{PB}+\overrightarrow{PA}\cdot\overrightarrow{PC}$ 的最小值为 8。

变式训练三：变结论。

已知等边 $\triangle ABC$ 的顶点均在圆 $x^2+y^2=4$ 上，点 $P\left(\sqrt{3},\sqrt{6}\right)$。

（1）求 $\overrightarrow{PA}\cdot\overrightarrow{PB}+\overrightarrow{PA}\cdot\overrightarrow{PC}$ 的取值范围；

（2）证明 $\overrightarrow{PA}\cdot\overrightarrow{PB}+\overrightarrow{PA}\cdot\overrightarrow{PC}+\overrightarrow{PB}\cdot\overrightarrow{PC}$ 为定值。

变式训练四：变条件和结论。

已知正 n 边形的顶点 $A_1,A_2,\cdots,A_n$ 均在圆 $x^2+y^2=4$ 上，点 $P\left(\sqrt{3},\sqrt{6}\right)$。

（1）求 $\overrightarrow{PA_1}\cdot\overrightarrow{PA_2}+\cdots+\overrightarrow{PA_1}\cdot\overrightarrow{PA_n}$ 的取值范围；

（2）证明 $\overrightarrow{PA_1}\cdot\overrightarrow{PA_2}+\cdots+\overrightarrow{PA_1}\cdot\overrightarrow{PA_n}+\cdots+\overrightarrow{PA_{n-1}}\cdot\overrightarrow{PA_n}$ 为定值。

变式训练五：再次变条件和结论。

已知正四面体的顶点 A,B,C,D 均在球面 $x^2+y^2+z^2=4$ 上，点 $P\left(1,\sqrt{3},\sqrt{5}\right)$。

（1）求 $\overrightarrow{PA}\cdot\overrightarrow{PB}+\overrightarrow{PA}\cdot\overrightarrow{PC}+\overrightarrow{PA}\cdot\overrightarrow{PD}$ 的取值范围；

（2）证明 $\overrightarrow{PA}\cdot\overrightarrow{PB}+\overrightarrow{PA}\cdot\overrightarrow{PC}+\overrightarrow{PA}\cdot\overrightarrow{PD}+\overrightarrow{PB}\cdot\overrightarrow{PC}+\overrightarrow{PB}\cdot\overrightarrow{PD}+\overrightarrow{PC}\cdot\overrightarrow{PD}$ 为定值。

（二）资中二中高2016届综合测试㈠理科第10题

令 $f(x)=\left|xe^x\right|$，方程 $f^2(x)-af(x)+1=0(a\in\mathbb{R})$ 有四个实根，则 a 的取值范围是（　　）。

A. $\left(-\infty,-e-\dfrac{1}{e}\right)$　　　B. $\left(-e-\dfrac{1}{e},-2\right)$　　　C. $\left(2,e+\dfrac{1}{e}\right)$　　　D. $\left(e+\dfrac{1}{e},+\infty\right)$

变式训练一：

令 $f(x)=\left|xe^x\right|$，方程 $f^2(x)-af(x)+1=0(a\in\mathbb{R})$ 有四个实根，则 a 的取值范围是（　　）。

A. $\left(-\infty,-e-\dfrac{1}{e}\right)$　　　B. $\left(-e-\dfrac{1}{e},-2\right)$　　　C. $\left(2,e+\dfrac{1}{e}\right)$　　　D. $\left(e+\dfrac{1}{e},+\infty\right)$

变式训练二：

已知函数 $f(x)=(xe^x)^2-a\left|xe^x\right|+1(a\in\mathbb{R})$。

（1）如果函数 $f(x)$ 无零点，试求 a 的取值范围；

（2）如果函数 $f(x)$ 有零点，试判断零点的个数。

变式训练三：

已知函数 $f(x)=(xe^x)^2-a\left|xe^x\right|+1(a\in\mathbb{R})$。

（1）当 $a\in(-\infty,2)$ 时，$f(x)$ 没有零点；

（2）当 $a=2$ 时，$f(x)$ 有一个零点；

（3）当 $a\in\left(2,e+\dfrac{1}{e}\right)$ 时，$f(x)$ 有两个零点；

（4）当 $a=e+\dfrac{1}{e}$ 时，$f(x)$ 有三个零点；

（5）当 $a\in\left(e+\dfrac{1}{e},+\infty\right)$ 时，$f(x)$ 有四个零点。

以上结论正确的有_____。

三、恰当运用知识的厚度化解技巧的难度

（一）探讨2010年全国卷理科数学第22题

已知数列 $\{a_n\}$ 中，$a_1=1$，$a_{n+1}=c-\dfrac{1}{a_n}$。

（1）设 $c=\dfrac{5}{2}$，$b_n=\dfrac{1}{a_n-2}$，求数列 $\{b_n\}$ 的通项公式；

（2）求使不等式 $a_n < a_{n+1} < 3$ 成立的 c 的取值范围。

解：

（1）因 $a_{n+1} - 2 = \dfrac{5}{2} - \dfrac{1}{a_n} - 2 = \dfrac{a_n - 2}{2a_n}$，故 $\dfrac{1}{a_{n+1} - 2} = \dfrac{2a_n}{a_n - 2} = \dfrac{4}{a_n - 2} + 2$；

即 $b_{n+1} = 4b_n + 2$，于是 $b_{n+1} + \dfrac{2}{3} = 4\left(b_n + \dfrac{2}{3}\right)$。

又 $a_1 = 1$，故 $b_1 = \dfrac{1}{a_1 - 2} = -1$，从而 $\left\{b_n + \dfrac{2}{3}\right\}$ 是首项为 $-\dfrac{1}{3}$、公比为 4 的等比数列，有

$b_n + \dfrac{2}{3} = -\dfrac{1}{3} \times 4^{n-1}$，于是 $b_n = -\dfrac{4^{n-1}}{3} - \dfrac{2}{3}$。

（2）因 $a_1 = 1$，故 $a_2 = c - 1$。

若 $a_{n+1} > a_n$，则 $a_2 > a_1$，得 $c > 2$。

反之，下面用数学归纳法证明：当 $c > 2$ 时，有 $a_{n+1} > a_n$。

① 当 $n = 1$ 时，$a_2 = c - \dfrac{1}{a_1} > a_1$，命题成立。

② 假设 $n = k$ 时，$a_{k+1} > a_k$；则 $n = k+1$ 时，$a_{k+2} = c - \dfrac{1}{a_{k+1}} > c - \dfrac{1}{a_k} = a_{k+1}$。

由①②，知 $c > 2$ 时，有 $a_{n+1} > a_n$。

由上，知 $c > 2 \Leftrightarrow \{a_n\}$ 为单调递增数列。

若 $a_n < a_{n+1} < 3$，则 $\{a_n\}$ 为单调递增有界数列，其极限存在。

令 $a = \lim\limits_{n \to +\infty} a_n$，由 $a_n < 3$，知 $\lim\limits_{n \to +\infty} a_n \leqslant 3$，即 $a \leqslant 3$。

由 $a_{n+1} = c - \dfrac{1}{a_n}$，得 $\lim\limits_{n \to +\infty} a_{n+1} = \lim\limits_{n \to +\infty}\left(c - \dfrac{1}{a_n}\right)$，即 $a = c - \dfrac{1}{a}$，于是 $c = a + \dfrac{1}{a} \leqslant \dfrac{10}{3}$（函数 $a + \dfrac{1}{a}$ 在 $[1,3]$ 上单调递增）。

又 $a_{n+1} > a_n \Rightarrow c > 2$，故 $2 < c \leqslant \dfrac{10}{3}$。

反之，若 $2 < c \leqslant \dfrac{10}{3}$，则 $c > 2 \Rightarrow a_{n+1} > a_n$。由 $a_{n+1} = c - \dfrac{1}{a_n}$，得 $a_{n+1} < c$。故 $\{a_n\}$ 单调递增有界，其极限存在。

令 $a = \lim\limits_{n \to +\infty} a_n$，由 $a_{n+1} = c - \dfrac{1}{a_n}$，得 $\lim\limits_{n \to +\infty} a_{n+1} = \lim\limits_{n \to +\infty}\left(c - \dfrac{1}{a_n}\right)$，即 $a = c - \dfrac{1}{a}$，于是 $c = a + \dfrac{1}{a}$。

又 $c \leq \dfrac{10}{3}$，即 $a + \dfrac{1}{a} \leq \dfrac{10}{3}$，则 $a \leq 3$。因 $a_n < a$，故 $a_n < 3$。

由上，知 $2 < c \leq \dfrac{10}{3} \Leftrightarrow a_n < a_{n+1} < 3$。

综上，c 的取值范围是 $\left(2, \dfrac{10}{3}\right]$。

（二）妙解 2014 年四川卷理科数学压轴题

已知函数 $f(x) = \mathrm{e}^x - ax^2 - bx - 1$，其中 $a, b \in \mathbb{R}$，$\mathrm{e} = 2.71828\cdots$ 为自然对数的底数。

（1）设 $g(x)$ 是函数 $f(x)$ 的导函数，求函数 $g(x)$ 在区间 $[0,1]$ 上的最小值；

（2）若 $f(1) = 0$，函数 $f(x)$ 在区间 $(0,1)$ 内有零点，求 a 的取值范围。

这里用指数函数的幂级数展开式解第二小题：

因 $f(1) = 0 \Rightarrow \mathrm{e} - a - b - 1 = 0 \Rightarrow b = \mathrm{e} - a - 1$，故 $f(x) = \mathrm{e}^x - ax^2 - (\mathrm{e} - a - 1)x - 1$ 并且在 $(0,1)$ 内有零点，于是方程 $\mathrm{e}^x - ax^2 - (\mathrm{e} - a - 1)x - 1 = 0$ 在 $(0,1)$ 内有解，从而可把 a 表示成 x 的函数，即 $a = \dfrac{1 + (\mathrm{e}-1)x - \mathrm{e}^x}{x(1-x)}$，$x \in (0,1)$，求参数 a 的取值范围就转化为求函数 a 的值域。

因 $\mathrm{e}^x = \sum\limits_{n=0}^{+\infty} \dfrac{x^n}{n!}$，$\mathrm{e} = \sum\limits_{n=0}^{+\infty} \dfrac{1}{n!}$，有

$$a = \dfrac{1 + (\mathrm{e}-1)x - \mathrm{e}^x}{x(1-x)} = \dfrac{1 + (\mathrm{e}-1)x - \sum\limits_{n=0}^{+\infty}\dfrac{x^n}{n!}}{x(1-x)} = \dfrac{(\mathrm{e}-2)x - \sum\limits_{n=2}^{+\infty}\dfrac{x^n}{n!}}{x(1-x)} = \dfrac{\mathrm{e}-2-\sum\limits_{n=2}^{+\infty}\dfrac{x^{n-1}}{n!}}{1-x}$$

$$= \dfrac{\sum\limits_{n=2}^{+\infty}\dfrac{1}{n!} - \sum\limits_{n=2}^{+\infty}\dfrac{x^{n-1}}{n!}}{1-x} = \sum\limits_{n=2}^{+\infty}\dfrac{1-x^{n-1}}{n!(1-x)} = \sum\limits_{n=2}^{+\infty}\dfrac{1+x+\cdots+x^{n-2}}{n!}$$

显然，作为函数，a 在 $(0,1)$ 内单调递增，并且 $\sum\limits_{n=2}^{+\infty}\dfrac{1}{n!} < a < \sum\limits_{n=2}^{+\infty}\dfrac{n-1}{n!}$。

又 $\sum\limits_{n=2}^{+\infty}\dfrac{1}{n!} = \mathrm{e} - 2$，$\sum\limits_{n=2}^{+\infty}\dfrac{n-1}{n!} = \sum\limits_{n=2}^{+\infty}\dfrac{n}{n!} - \sum\limits_{n=2}^{+\infty}\dfrac{1}{n!} = \sum\limits_{n=2}^{+\infty}\dfrac{1}{(n-1)!} - \sum\limits_{n=2}^{+\infty}\dfrac{1}{n!} = \sum\limits_{n=1}^{+\infty}\dfrac{1}{n!} - \sum\limits_{n=2}^{+\infty}\dfrac{1}{n!} = 1$，故 $\mathrm{e} - 2 < a < 1$。

2.2 怎样把数学思维引向深入

设 a 和 b 是不相等的两个正数，且 $b\ln a - a\ln b = a - b$，给出下列结论：

（1）$a + b - ab > 1$；（2）$a + b > 2$；（3）$\dfrac{1}{a} + \dfrac{1}{b} > 2$。

其中所有正确结论的序号是____D____。

A.（1）（2）　　　　B.（1）（3）　　　　C.（2）（3）　　　　D.（1）（2）（3）

第一类特殊法：

先取 b 的特殊值，再求出 a 的值，进而进行验证。

第一类特殊法尝试一：

令 $b = 1$，代入 $b\ln a - a\ln b = a - b$，得 $a - \ln a + 1 = 0$。

令 $f(x) = x - \ln x + 1$，则 $x = 1$ 是 $f(x)$ 的唯一最小值点并且是零点。

因 $f(a) = a - \ln a + 1 = 0$，必有 $a = 1$，与 $a \neq b$ 矛盾，此时的特殊法尝试失效。

第一类特殊法尝试二：

令 $b = \mathrm{e}$，代入 $b\ln a - a\ln b = a - b$，得 $2a - \mathrm{e}\ln a - \mathrm{e} = 0$。

令 $f(x) = 2x - \mathrm{e}\ln x - \mathrm{e}, x \in (0, +\infty)$，则 $x = \dfrac{\mathrm{e}}{2}$ 是 $f(x)$ 的唯一最小值点且 $f\left(\dfrac{\mathrm{e}}{2}\right) < 0$。

因 $f(x)$ 在区间 $\left(\dfrac{\mathrm{e}}{2}, +\infty\right)$ 内单调递增，有唯一零点 $x = \mathrm{e}$。

因 $f(a) = 2a - \mathrm{e}\ln a - \mathrm{e} = 0$，若 $a \in \left(\dfrac{\mathrm{e}}{2}, +\infty\right)$，则必有 $a = \mathrm{e}$，与 $a \neq b$ 矛盾。

$f(x)$ 在区间 $\left(0, \dfrac{\mathrm{e}}{2}\right)$ 内单调递减并且有唯一零点，需求出零点较为精确的取值范围。

因 $f\left(\dfrac{1}{\mathrm{e}}\right) = \dfrac{2}{\mathrm{e}} > 0$，$f\left(\dfrac{\mathrm{e}}{4.5}\right) = \mathrm{e}\left(\ln 4.5 - \dfrac{16}{9}\right) < 0$，$f(a) = 2a - \mathrm{e}\ln a - \mathrm{e} = 0$，故 a 的取值范围是 $\dfrac{1}{\mathrm{e}} < a < \dfrac{\mathrm{e}}{4.5}$，加之 $b = \mathrm{e}$，满足（1）（2）（3），故选 D。

第二类特殊法：

令 a 和 b 之间有一些特殊的关系，如倒数关系、倍数关系等，再求出 a 和 b 的值，进而进行验证。

第二类特殊法尝试一：

若 $b = \dfrac{1}{a}$，则 $a \neq b \Leftrightarrow a \neq \dfrac{1}{a} \Leftrightarrow a \neq 1$，此时结论（1）（2）（3）均成立。

把 $b = \dfrac{1}{a}$ 代入 $b\ln a - a\ln b = a - b$，得 $a^2 \ln a - a^2 + \ln a + 1 = 0$。

令 $f(x) = \dfrac{1}{2}x\ln x - x + \dfrac{1}{2}\ln x + 1$，欲证：存在 $a \neq 1$，使得 $f(a^2) = 0$。

因 $f'(x) = \dfrac{1}{2}\ln x + \dfrac{1}{2x} - \dfrac{1}{2}$，$f''(x) = \dfrac{x-1}{2x^2}$，$x = 1$ 是 $f'(x)$ 的唯一最小值点并且是零点，于是 $f'(x) > 0$，$x \in (0,1) \cup (1,+\infty)$，从而 $f(x)$ 在区间 $(0,+\infty)$ 内单调递增。

因 $f(1) = 0$，故 $f(x)$ 在区间 $(0,+\infty)$ 内有唯一零点 $x = 1$。又 $f(a^2) = 0$，必有 $a^2 = 1$，于是 $a = 1$，与 $a \neq 1$ 矛盾，此时的特殊法尝试失效。

第二类特殊法尝试二：

令 $b = 2a$，代入 $b\ln a - a\ln b = a - b$，得 $\ln a = \ln 2 - 1$，于是 $a = \dfrac{2}{e}$，$b = \dfrac{4}{e}$，满足(1)(2)(3)，故选 D。

第三类特殊法：

对 a 和 b 的关系式进行变形，容易看出 a 和 b 的特殊取值，进而进行验证。

第三类特殊法尝试：

由 $b\ln a - a\ln b = a - b$，得 $\dfrac{\ln(ae)}{ae} = \dfrac{\ln(be)}{be}$，进而有 $(ae)^{be} = (be)^{ae}$。因 $2^4 = 4^2$，取 $ae = 2$，$be = 4$，即 $a = \dfrac{2}{e}$，$b = \dfrac{4}{e}$，满足(1)(2)(3)，故选 D。

求通性通解法：

对 a 和 b 的关系式进行变形、观察、思考，研究其通性通解，进而进行验证。

解法一：

由 $b\ln a - a\ln b = a - b$，得 $\dfrac{\ln(ae)}{ae} = \dfrac{\ln(be)}{be}$。

令 $f(x) = \dfrac{\ln x}{x}$，$x \in (0,+\infty)$，则 $f'(x) = \dfrac{1-\ln x}{x^2}$。

令 $f'(x) = 0$，得 $x = e$，如表 2-1 所示。

表 2-1 函数取值变化

x	$(0,e)$	e	$(e,+\infty)$
$f'(x)$	+	0	−
$f(x)$	↑	最大值 $\dfrac{1}{e}$	↓

又 $\dfrac{\ln(ae)}{ae} = \dfrac{\ln(be)}{be}$，$a \neq b$（不妨设 $a < b$），必有 $ae < e, be > e$，即 $a < 1, b > 1$，有 $(a-1)(b-1) < 0$，即 $ab - a - b + 1 < 0$，于是 $a + b - ab > 1$，结论（1）成立。

易证 $\dfrac{\ln(e+x)}{e+x} > \dfrac{\ln(e-x)}{e-x}, x \in (0, e)$。若 $\dfrac{\ln(e+x_1)}{e+x_1} = \dfrac{\ln(e-x_2)}{e-x_2}, x_1, x_2 \in (0, e)$，则 $\dfrac{\ln(e+x_1)}{e+x_1} < \dfrac{\ln(e+x_2)}{e+x_2}, x_1, x_2 \in (0, e)$。考虑到函数 $f(x) = \dfrac{\ln x}{x}$ 在 $(e, +\infty)$ 单调递减，必有 $e + x_1 > e + x_2$，于是 $x_1 > x_2$，$(e+x_1) + (e-x_2) > 2e$。换个表现形式，即 $\dfrac{\ln(ae)}{ae} = \dfrac{\ln(be)}{be}$，必有 $ae + be > 2e$，即 $a + b > 2$，结论(2)成立。

再由 $b\ln a - a\ln b = a - b$，可得 $\dfrac{1}{a}\ln\dfrac{1}{a} - \dfrac{1}{a} = \dfrac{1}{b}\ln\dfrac{1}{b} - \dfrac{1}{b}$。

令 $g(x) = x\ln x - x, x \in (0, +\infty)$，则 $g'(x) = \ln x$。

令 $g'(x) = 0$，得 $x = 1$，如表 2-2 所示。

表 2-2 函数取值变化

x	$(0,1)$	1	$(1, +\infty)$
$g'(x)$	$-$	0	$+$
$g(x)$	$\downarrow$	最小值 -1	$\uparrow$

易证 $g(1+x) < g(1-x), x \in (0,1)$。若 $g(1+x_1) = g(1-x_2), x_1, x_2 \in (0,1)$，则 $g(1+x_1) > g(1+x_2), x_1, x_2 \in (0,1)$。又函数 $g(x) = x\ln x - x$ 在 $(1, +\infty)$ 单调递增，故 $1 + x_1 > 1 + x_2$，于是 $x_1 > x_2$，$(1+x_1) + (1-x_2) > 2$。换个表现形式，即 $g\left(\dfrac{1}{a}\right) = g\left(\dfrac{1}{b}\right)$，必有 $\dfrac{1}{a} + \dfrac{1}{b} > 2$，结论（3）成立。

综上所述，选 D。

解法二：

不妨设 $a < b$，$b = a(1+t)$，$t > 0$。代入等式 $b\ln a - a\ln b = a - b$，可得 $a = e^{\frac{\ln(1+t)}{t} - 1}$，$b = (1+t)e^{\frac{\ln(1+t)}{t} - 1}$。

易证 $\ln(1+t) < t$，于是 $\dfrac{\ln(1+t)}{t} - 1 < 0$，从而 $0 < e^{\frac{\ln(1+t)}{t} - 1} < 1$，即 $0 < a < 1$。

因为 $\ln b = \dfrac{(1+t)\ln(1+t)}{t} - 1$，易证 $(1+t)\ln(1+t) > t$，于是 $\dfrac{(1+t)\ln(1+t)}{t} - 1 > 0$，即 $\ln b > 0$，所以 $b > 1$。

由上，知 $(a-1)(b-1) < 0$，即 $ab - a - b + 1 < 0$，于是 $a + b - ab > 1$，结论（1）成立。

因为 $a + b = (2+t)e^{\frac{\ln(1+t)}{t} - 1}$，所以 $\ln(a+b) = \ln(2+t) + \dfrac{\ln(1+t)}{t} - 1$。

令 $f(t) = \ln(2+t) + \dfrac{\ln(1+t)}{t} - 1$，则 $f'(t) = \dfrac{t^3 + 2t^2 + 2t - (2+t)(1+t)\ln(1+t)}{t^2(2+t)(1+t)}$。

令 $g(t) = t^3 + 2t^2 + 2t - (2+t)(1+t)\ln(1+t)$，则 $g'(t) = t^2 + (2t+3)[t - \ln(1+t)] > 0$，于是 $g(t)$ 在 $(0, +\infty)$ 单调递增，因而 $g(t) > g(0)$，即 $g(t) > 0$，从而 $f'(t) > 0$，$f(t)$ 在 $(0, +\infty)$ 单调递增，有 $f(t) > \lim\limits_{t \to 0^+} f(t)$，即 $\ln(a+b) > \ln 2$，于是 $a + b > 2$，结论（2）成立。

因为 $\dfrac{1}{a} + \dfrac{1}{b} = \dfrac{2+t}{1+t}e^{1 - \frac{\ln(1+t)}{t}}$，所以 $\ln\left(\dfrac{1}{a} + \dfrac{1}{b}\right) = \ln(2+t) - \dfrac{(1+t)\ln(1+t)}{t} + 1$。

令 $h(t) = \ln(2+t) - \dfrac{(1+t)\ln(1+t)}{t} + 1$，则 $h'(t) = \dfrac{(2+t)\ln(1+t) - 2t}{t^2(2+t)}$。

令 $k(t) = (2+t)\ln(1+t) - 2t$，则 $k'(t) = \dfrac{(1+t)\ln(1+t) - t}{1+t}$。

显然 $k'(t) > 0$，$k(t)$ 在 $(0, +\infty)$ 单调递增，于是 $k(t) > k(0)$，即 $k(t) > 0$，从而 $h'(t) > 0$，$h(t)$ 在 $(0, +\infty)$ 单调递增，有 $\lim\limits_{t \to 0^+} h(t) < h(t) < \lim\limits_{t \to +\infty} h(t)$，即 $\ln 2 < \ln\left(\dfrac{1}{a} + \dfrac{1}{b}\right) < 1$，从而 $2 < \dfrac{1}{a} + \dfrac{1}{b} < e$，结论（3）成立。

综上所述，选 D。

注意：结论 $\dfrac{1}{a} + \dfrac{1}{b} > 2$ 可加强为 $2 < \dfrac{1}{a} + \dfrac{1}{b} < e$。

2.3 怎样由例及类、步步深入

由例及类，步步深入：从特殊走向一般，寻求一类问题的彻底解决；设置这类问题的呈现方式，使之成为高考试题。

2012 年全国新课标卷理科数学第 12 题：

设点 P 在曲线 $y = \dfrac{1}{2}e^x$ 上，点 Q 在曲线 $y = \ln(2x)$ 上，则 $|PQ|$ 的最小值为（　　）。

A. $1 - \ln 2$ 　　　　　　B. $1 + \ln 2$ 　　　　　　C. $\sqrt{2}(1 - \ln 2)$ 　　　D. $\sqrt{2}(1 + \ln 2)$

注：正确答案为 C。解答此题需要观察两个函数的特征，才能看出 $y = \dfrac{1}{2}e^x$ 和 $y = \ln(2x)$ 互为反函数，还需要灵活应用"互为反函数的图像关于直线 $y = x$ 对称"这一结论。事实上，$|PQ|_{\min} = \sqrt{2}\left(\dfrac{1}{2}e^x - x\right)_{\min} = \sqrt{2}(1 - \ln 2)$。

一、变式训练一

把 2012 年全国新课标卷理科数学第 12 题这类问题设置为高考数学的导数综合解答题。

已知曲线 $C_1: y = \dfrac{3}{4}x^2$，曲线 $C_2: y = \ln x$。

（1）证明：曲线 C_1 和曲线 C_2 恰有两条公切线。

（2）设点 P 在曲线 C_1 上，点 Q 在曲线 C_2 上，求 $|PQ|$ 的最小值。

解：

（1）设 $P\left(x_1, \dfrac{3}{4}x_1^2\right)$ 为曲线 C_1 上的点，则经过该点的切线 l_1 的斜率为 $\dfrac{3x_1}{2}$，于是切线方程为 $y - \dfrac{3}{4}x_1^2 = \dfrac{3x_1}{2}(x - x_1)$，即 $l_1: y = \dfrac{3x_1}{2}x - \dfrac{3}{4}x_1^2$。

设 $Q(x_2, \ln x_2)$ 为曲线 C_2 上的点，则经过该点的切线 l_2 的斜率为 $\dfrac{1}{x_2}$，于是切线方程为 $y - \ln x_2 = \dfrac{1}{x_2}(x - x_2)$，即 $l_2: y = \dfrac{1}{x_2}x + \ln x_2 - 1$。

曲线 C_1 和曲线 C_2 有公切线，当且仅当存在切点 $P \in C_1$ 和切点 $Q \in C_2$，使得经过它们的切线 $l_1 = l_2$。

要使得 $l_1 = l_2$，只需

$$\begin{cases} \dfrac{3x_1}{2} = \dfrac{1}{x_2} \\ -\dfrac{3}{4}x_1^2 = \ln x_2 - 1 \end{cases} \Leftrightarrow \begin{cases} x_1 = \dfrac{2}{3x_2} \\ \dfrac{1}{x_2^2} - 3\ln\dfrac{1}{x_2} - 3 = 0 \end{cases} \quad (\bigstar)$$

令 $t = \dfrac{1}{x_2}$，有 $t^2 - 3\ln t - 3 = 0$。

令 $f(t) = t^2 - 3\ln t - 3$，则 $f'(t) = 2t - \dfrac{3}{t}$，$f''(t) = 2 + \dfrac{3}{t^2} > 0$，$f'(t)$ 单调递增且有唯一零点 $t = \sqrt{\dfrac{3}{2}}$，于是 $t = \sqrt{\dfrac{3}{2}}$ 为 $f(t)$ 最小值点，$f(t)_{\min} = f\left(\sqrt{\dfrac{3}{2}}\right) = -\dfrac{3}{2} - \dfrac{3}{2}\ln\dfrac{3}{2} < 0$。如表 2-3 所示。

表 2-3 函数取值变化

t	$\left(0, \sqrt{\dfrac{3}{2}}\right)$	$\sqrt{\dfrac{3}{2}}$	$\left(\sqrt{\dfrac{3}{2}}, +\infty\right)$
$f''(t)$	+	+	+
$f'(t)$	−	0	+
$f(t)$	$+ \to -$ 有唯一零点	−	$- \to +$ 有唯一零点

从表中可知，$f(t)$ 恰有两个零点，于是方程组（★）恰有两组解，因而曲线 C_1 和曲线 C_2 恰有两条公切线。

（2）设 $P\left(x_1, \dfrac{3}{4}x_1^2\right)$，$Q(x_2, \ln x_2)$，则 $|PQ| = \sqrt{(x_1 - x_2)^2 + \left(\dfrac{3}{4}x_1^2 - \ln x_2\right)^2}$。

令 $F(x_1, x_2) = (x_1 - x_2)^2 + \left(\dfrac{3}{4}x_1^2 - \ln x_2\right)^2$，则 $|PQ|$ 取最小值等价于 $F(x_1, x_2)$ 取最小值。当 $F(x_1, x_2)$ 取最小值时，有 $F'_{x_1} = F'_{x_2} = 0$，即

$$\begin{cases} 2(x_1 - x_2) + 3x_1\left(\dfrac{3}{4}x_1^2 - \ln x_2\right) = 0 \\ 2(x_1 - x_2) + \dfrac{2}{x_2}\left(\dfrac{3}{4}x_1^2 - \ln x_2\right) = 0 \end{cases}$$

下面分情况讨论：

①当 $x_1 = x_2$ 时，必有 $\dfrac{3}{4}x_1^2 - \ln x_2 = 0$。令 $t = x_1 = x_2$，研究函数 $g(t) = \dfrac{3}{4}t^2 - \ln t$，容易证明 $g(t)_{\min} = g\left(\sqrt{\dfrac{2}{3}}\right) = \dfrac{1}{2} - \dfrac{1}{2}\ln\dfrac{2}{3} > 0$，矛盾。

②当 $x_1 \neq x_2$ 时，必有 $\dfrac{3}{4}x_1^2 - \ln x_2 \neq 0$，从而 $3x_1 = \dfrac{2}{x_2}$，于是 $\dfrac{3x_1}{2} = \dfrac{1}{x_2}$，因此经过点 P 的

切线 l_1 与经过点 Q 的切线 l_2 平行 [参见（1）]。

由 $2(x_1-x_2)+3x_1\left(\dfrac{3}{4}x_1^2-\ln x_2\right)=0$，得 $\dfrac{\dfrac{3}{4}x_1^2-\ln x_2}{x_1-x_2}=-\dfrac{2}{3x_1}$，于是直线 $PQ \perp l_1$。

又直线 PQ 的方程是 $y-\dfrac{3}{4}x_1^2=-\dfrac{2}{3x_1}(x-x_1)$，即 $y=-\dfrac{2}{3x_1}x+\dfrac{3}{4}x_1^2+\dfrac{2}{3}$，与曲线 $C_2: y=\ln x$ 交于点 $Q(x_2,\ln x_2)$，有 $\ln x_2=-\dfrac{2}{3x_1}x_2+\dfrac{3}{4}x_1^2+\dfrac{2}{3}$。

由 $3x_1=\dfrac{2}{x_2}$，得 $x_2=\dfrac{2}{3x_1}$，代入 $\ln x_2=-\dfrac{2}{3x_1}x_2+\dfrac{3}{4}x_1^2+\dfrac{2}{3}$，有

$$\left(\dfrac{2}{3x_1}\right)^2-\dfrac{1}{3}\left(\dfrac{3x_1}{2}\right)^2+\dfrac{1}{2}\ln\left(\dfrac{2}{3x_1}\right)^2-\dfrac{2}{3}=0$$

令 $t=\left(\dfrac{2}{3x_1}\right)^2$，研究函数 $h(t)=t-\dfrac{1}{3t}+\dfrac{1}{2}\ln t-\dfrac{2}{3}$，则 $h'(t)=1+\dfrac{1}{3t^2}+\dfrac{1}{2t}>0$，于是 $h(t)$ 单调递增。

又 $h(1)=0$，故 $h(t)$ 有唯一零点 $t=1$，于是 $\dfrac{2}{3x_1}=1$，从而 $x_1=\dfrac{2}{3}$，$x_2=1$。

故 $|PQ|$ 取最小值时，$P\left(\dfrac{2}{3},\dfrac{1}{3}\right)$，$Q(1,0)$，此时 $|PQ|=\dfrac{\sqrt{2}}{3}$。

（3）下面补充证明 $|PQ|$ 一定有最小值，证明思路源自（2）。

过两点 $P_0\left(\dfrac{2}{3},\dfrac{1}{3}\right)$ 和 $Q_0(1,0)$ 的中点 $\left(\dfrac{5}{6},\dfrac{1}{6}\right)$，作斜率为 1 的直线 $l: y=x-\dfrac{2}{3}$。易证：

① 曲线 C_1 上的点 $P_0\left(\dfrac{2}{3},\dfrac{1}{3}\right)$ 到直线 l 的距离最小，为 $\dfrac{\sqrt{2}}{6}$；

② 曲线 C_2 上的点 $Q_0(1,0)$ 到直线 l 的距离最小，为 $\dfrac{\sqrt{2}}{6}$；

③ $\dfrac{3}{4}x^2>x-\dfrac{2}{3}>\ln x$；

④ 直线 l 为线段 P_0Q_0 的垂直平分线，$|P_0Q_0|=\dfrac{\sqrt{2}}{3}$；

⑤ $|PQ|\geqslant |P_0Q_0|$ 显然。

二、变式训练二

把 2012 年全国新课标卷理科数学第 12 题这类问题设置为高考数学的圆锥曲线解答题。

已知圆 $C_1: x^2+y^2=1$，椭圆 $C_2: \dfrac{x^2}{9}+\dfrac{y^2}{4}=1$，抛物线 $C_3: y=x^2-\dfrac{9}{2}x+7$，直线 $l: y=-\dfrac{1}{2}x+\dfrac{11}{4}$。

（1）过椭圆 C_2 上一点 P，作圆 C_1 的切线 PA 和 PB，切点分别为 A 和 B。动直线 AB 是否与一个固定椭圆相切？如果是，请给出证明并求出固定椭圆；如果不是，请说明理由。

（2）设点 M 在抛物线 C_3 上，点 N 在椭圆 C_2 上，求 $|MN|$ 的最小值。

解：

（1）设 $P(x_0,y_0)$ 为曲线 C_2 上的点，$A(x_1,y_1)$ 和 $B(x_2,y_2)$ 为圆 C_1 上的切点，切线 PA 的方程为 $x_1x+y_1y=1$，切线 PB 的方程为 $x_2x+y_2y=1$。因 $P(x_0,y_0)$ 在切线 PA 和 PB 上，故 $x_1x_0+y_1y_0=1$，$x_2x_0+y_2y_0=1$，动直线 AB 的方程是 $x_0x+y_0y=1$。

重设 $P(3\cos\theta,2\sin\theta)$，则动直线 AB 的方程是 $(3\cos\theta)x+(2\sin\theta)y=1$。

令 $Q\left(\dfrac{1}{3}\cos\theta,\dfrac{1}{2}\sin\theta\right)$，则动点 Q 在动直线 AB 上。

显然，动点 Q 的轨迹是椭圆 $9x^2+4y^2=1$。

我们断言：动直线 AB 与椭圆 $9x^2+4y^2=1$ 相切。

在椭圆 $9x^2+4y^2=1$ 上任取一点 $Q\left(\dfrac{1}{3}\cos\theta,\dfrac{1}{2}\sin\theta\right)$，过点 Q 作椭圆的切线，则切线的方程为 $(3\cos\theta)x+(2\sin\theta)y=1$，这恰是动直线 AB 的方程。

综上，动直线 AB 与椭圆 $9x^2+4y^2=1$ 相切。

（2）注意到当 $x\in[-3,3]$ 时，$x^2-\dfrac{9}{2}x+7>-\dfrac{1}{2}x+\dfrac{11}{4}>2\sqrt{1-\dfrac{x^2}{9}}$，即直线 l 在抛物线 C_3 椭圆 C_2 之间，有

①抛物线 C_3 上的点 $M_0(2,2)$ 到直线 l 的距离最小，为 $\dfrac{\sqrt{5}}{10}$；

②椭圆 C_2 上的点 $N_0\left(\dfrac{9}{5},\dfrac{8}{5}\right)$ 到直线 l 的距离最小，为 $\dfrac{\sqrt{5}}{10}$；

③直线 l 为线段 M_0N_0 的垂直平分线，$|M_0N_0| = \dfrac{\sqrt{5}}{5}$；

④$|MN| \geqslant |M_0N_0|$ 显然。

2.4 数学学习的基本程序

一、课后复习

每天睡觉前，对当日所学内容进行复习，有三个方面的要求：
（1）梳理知识结构，提炼核心考点；
（2）总结常用解法，一题多解多变；
（3）解决疑难问题，力求日结日清。

二、课前预习

每天睡觉前，对次日所学内容进行预习，有三个方面的要求：
（1）梳理知识结构，提炼核心考点；
（2）总结常用解法，一题多解多变；
（3）发现疑难问题，探索解决办法。

三、章节总结

学完一个章节，务必进行总结。先看教材资料，后作书面总结：
（1）梳理知识结构，掌握逻辑关系；
（2）提炼核心考点，做到心中有数；
（3）总结常用解法，应试沉着不慌；
（4）一题多解多变，发展学科能力。

四、测试应对

找一个志趣相投的同学，成立学习共同体，每次测试后务必做到
（1）考后 100 分，即教师评讲测试题后，原题重做，必须得 100 分；
（2）保留测试题题干，各自命制试题，相互测试，相互评阅，相互交流。

2.5 高考数学复习路线图

高考数学复习路线如图 2-1 所示。

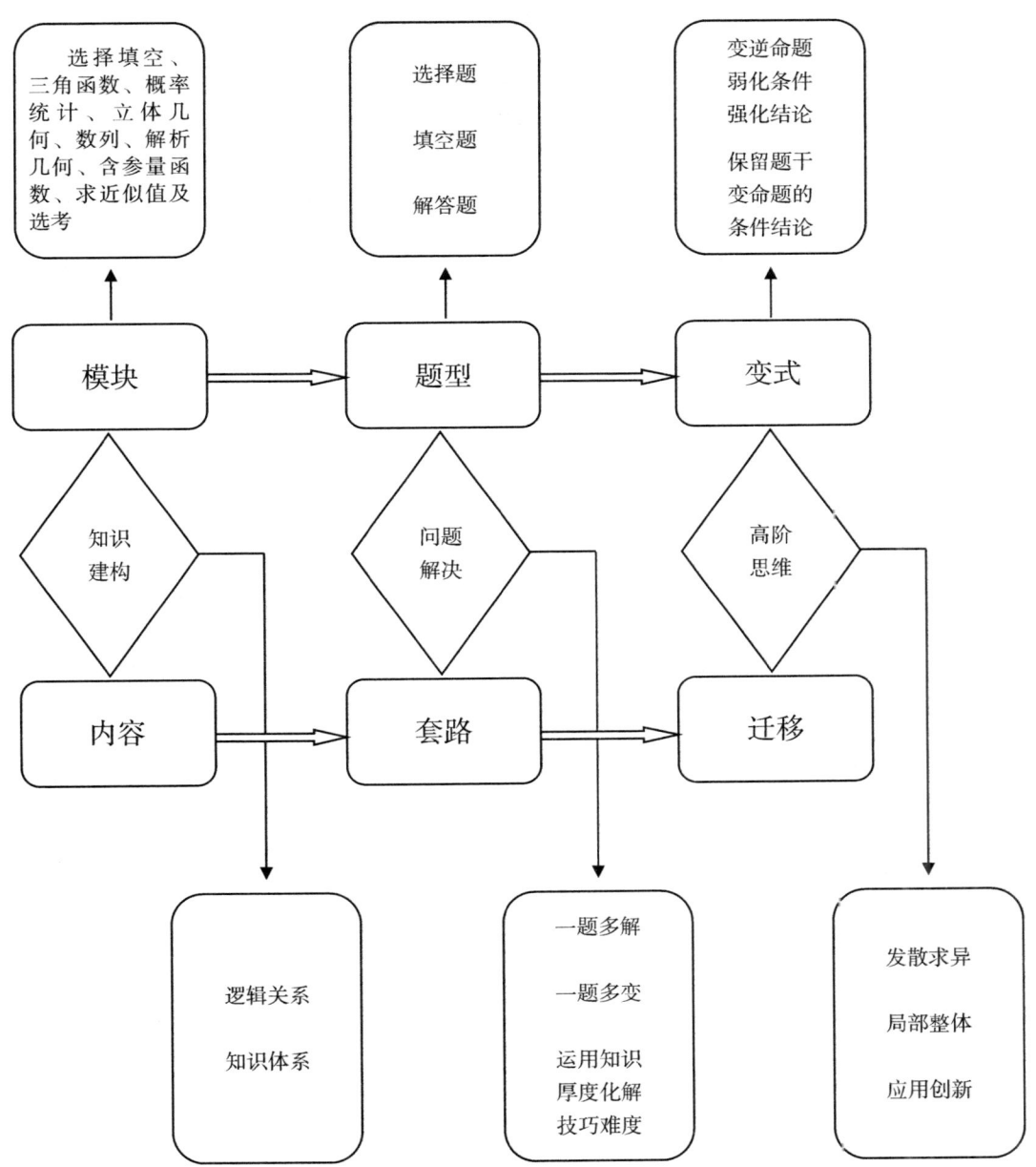

图 2-1 高考数学复习路线图

3

几类试题研究

3.1 选择题与填空题

一、试题

选择题、填空题常用解法：直接法、排除法、特殊法、极限法、估算法、猜测法。

例一 正四棱锥相邻侧面所成的二面角的平面角为 α，侧面与底面所成的二面角的平面角为 β，则 $2\cos\alpha + \cos 2\beta$ 的值是（　　）。

A. 1　　　　　B. 2　　　　　C. -1　　　　　D. 3/2

例二 设函数 $f(x) = \sqrt{e^x + x - a}$，这里 $a \in \mathbb{R}$，e 为自然对数的底数。若存在 $b \in [0,1]$ 使 $f(f(b)) = b$ 成立，则 a 的取值范围是（　　）。

A. $[1, e]$　　　B. $[1, 1+e]$　　　C. $[e, 1+e]$　　　D. $[0, 1]$

例三 定义在区间 $(0, +\infty)$ 上的函数 $f(x)$ 满足 $f(x) > 0$，且 $\dfrac{2f(x)}{x} < f'(x) < \dfrac{3f(x)}{x}$〔其中 $f'(x)$ 是 $f(x)$ 的导函数〕恒成立，则（　　）。

A. $\dfrac{1}{3} < \dfrac{f(2)}{f(4)} < \dfrac{1}{2}$　　B. $\dfrac{1}{4} < \dfrac{f(2)}{f(4)} < \dfrac{1}{3}$　　C. $\dfrac{1}{8} < \dfrac{f(2)}{f(4)} < \dfrac{1}{4}$　　D. $\dfrac{1}{16} < \dfrac{f(2)}{f(4)} < \dfrac{1}{8}$

例四 若曲线 $C_1 : y^2 = tx (t > 0, x > 0)$ 在点 $M\left(\dfrac{4}{t}, 2\right)$ 处的切线与曲线 $C_2 : y = e^{x+1} - 1$ 也相切，则 $t \ln \dfrac{4e^2}{t}$ 的值为（　　）。

A. $4e^2$　　　　B. $8e$　　　　C. 2　　　　D. 8

例五 设 a 和 b 是不相等的两个正数，且 $b\ln a - a\ln b = a - b$，给出下列结论：

（1）$a + b - ab > 1$；（2）$a + b > 2$；（3）$\dfrac{1}{a} + \dfrac{1}{b} > 2$。

以上结论正确的有_____。

二、选择题与填空题参考解答

例一 正四棱锥相邻侧面所成的二面角的平面角为 α，侧面与底面所成的二面角的平面角为 β，则 $2\cos\alpha + \cos 2\beta$ 的值是（　　）。

A. 1　　　　　B. 2　　　　　C. -1　　　　　D. 3/2

解：

本题可逐一用直接法、排除法、特殊法、极限法、估算法和猜测法求解，但最简单的解法是极限法。

令正四棱锥的高为 h，则 $h \to +\infty$ 时，有 $\alpha \to \dfrac{\pi}{2}$ 和 $\beta \to \dfrac{\pi}{2}$，于是 $2\cos\alpha + \cos 2\beta \to -1$（当 $h \to 0$ 时，$\alpha \to \pi$，$\beta \to 0$，也有 $2\cos\alpha + \cos 2\beta \to -1$），故选 C。

例二 设函数 $f(x) = \sqrt{e^x + x - a}$，这里 $a \in \mathbb{R}$，e 为自然对数的底数。若存在 $b \in [0,1]$ 使 $f(f(b)) = b$ 成立，则 a 的取值范围是（　）。

A. $[1, e]$　　　　　　B. $[1, 1+e]$　　　　　　C. $[e, 1+e]$　　　　　　D. $[0,1]$

解法一：直接法。

因 $f(x)$ 单调递增，由 $f(f(b)) = b$ 可得 $f(b) = b$。若 $f(b) < b$，则 $f(f(b)) < f(b)$，即 $b < f(b)$，矛盾。若 $f(b) > b$，则 $f(f(b)) > f(b)$，即 $b > f(b)$，也矛盾。

由 $f(b) = b$ 即 $\sqrt{e^b + b - a} = b$，得 $a = e^b + b - b^2$，于是 $a' = e^b + 1 - 2b \geqslant 0$，函数 $a = e^b + b - b^2$ 在区间 $[0,1]$ 上单调递增，$a_{\min} = a(0) = 1$，$a_{\max} = a(1) = e$，$a \in [1, e]$，故选 A。

解法二：特殊法。

由 $f(f(0)) = 0$，得 $e^{\sqrt{1-a}} + \sqrt{1-a} + 1 - a = 1$。函数 $g(t) = e^t + t + t^2$ 在定义域上单调递增并且 $g(0) = 1$，由 $e^{\sqrt{1-a}} + \sqrt{1-a} + 1 - a = 1$，得 $\sqrt{1-a} = 0$，故 $a = 1$。

由 $f(f(1)) = 1$，得 $e^{\sqrt{e+1-a}} + \sqrt{e+1-a} + e + 1 - a = e + 2$。函数 $g(t) = e^t + t + t^2$ 在定义域上单调递增并且 $g(1) = e + 2$，由 $e^{\sqrt{e+1-a}} + \sqrt{e+1-a} + e + 1 - a = e + 2$，得 $\sqrt{e+1-a} = 1$，故 $a = e$。

综上，故选 A。

例三 定义在区间 $(0, +\infty)$ 上的函数 $f(x)$ 满足 $f(x) > 0$，且 $\dfrac{2f(x)}{x} < f'(x) < \dfrac{3f(x)}{x}$（其中 $f'(x)$ 是 $f(x)$ 的导函数）恒成立，则（　）。

A. $\dfrac{1}{3} < \dfrac{f(2)}{f(4)} < \dfrac{1}{2}$　　B. $\dfrac{1}{4} < \dfrac{f(2)}{f(4)} < \dfrac{1}{3}$　　C. $\dfrac{1}{8} < \dfrac{f(2)}{f(4)} < \dfrac{1}{4}$　　D. $\dfrac{1}{16} < \dfrac{f(2)}{f(4)} < \dfrac{1}{8}$

解法一：特殊法。

由 $\dfrac{2f(x)}{x} < f'(x) < \dfrac{3f(x)}{x}$，得 $\dfrac{2}{x} < \dfrac{f'(x)}{f(x)} < \dfrac{3}{x}$。

令 $f(x) = x^{2.5}$，则 $\dfrac{f'(x)}{f(x)} = \dfrac{2.5}{x}$，满足 $\dfrac{2}{x} < \dfrac{2.5}{x} < \dfrac{3}{x}$。

又 $\dfrac{f(2)}{f(4)} = \dfrac{2^{2.5}}{4^{2.5}} = \dfrac{1}{2^{2.5}}$，且 $\dfrac{1}{2^3} < \dfrac{1}{2^{2.5}} < \dfrac{1}{2^2}$，即 $\dfrac{1}{8} < \dfrac{f(2)}{f(4)} < \dfrac{1}{4}$，故选 C。

解法二：直接法。

令 $F(x) = \dfrac{f(x)}{x^2}$，则 $F'(x) = \dfrac{xf'(x) - 2f(x)}{x^3} > 0$，于是 $F(x)$ 在区间 $(0, -\infty)$ 上单调递增，

有 $F(4) > F(2)$，即 $\dfrac{f(4)}{4^2} > \dfrac{f(2)}{2^2}$，有 $\dfrac{f(2)}{f(4)} < \dfrac{1}{4}$。

令 $G(x) = \dfrac{f(x)}{x^3}$，则 $G'(x) = \dfrac{xf'(x) - 3f(x)}{x^5} < 0$，于是 $G(x)$ 在区间 $(0, +\infty)$ 上单调递减，

有 $G(4) < G(2)$，即 $\dfrac{f(4)}{4^3} < \dfrac{f(2)}{2^3}$，有 $\dfrac{f(2)}{f(4)} > \dfrac{1}{8}$。

综上，有 $\dfrac{1}{8} < \dfrac{f(2)}{f(4)} < \dfrac{1}{4}$，故选 C。

解法三：积分法。

由 $\dfrac{2f(x)}{x} < f'(x) < \dfrac{3f(x)}{x}$，得 $\dfrac{2}{x} < \dfrac{f'(x)}{f(x)} < \dfrac{3}{x}$，有 $\int_2^4 \dfrac{2}{x}dx < \int_2^4 \dfrac{f'(x)}{f(x)}dx < \int_2^4 \dfrac{3}{x}dx$，即

$2\ln x\big|_2^4 < \ln f(x)\big|_2^4 < 3\ln x\big|_2^4$

$\ln 4 < \ln \dfrac{f(4)}{f(2)} < \ln 8$

$4 < \dfrac{f(4)}{f(2)} < 8$

$\dfrac{1}{8} < \dfrac{f(2)}{f(4)} < \dfrac{1}{4}$

例四 若曲线 $C_1: y^2 = tx(t > 0, x > 0)$ 在点 $M\left(\dfrac{4}{t}, 2\right)$ 处的切线与曲线 $C_2: y = e^{x+1} - 1$ 也相切，则 $t\ln\dfrac{4e^2}{t}$ 的值为（　　）。

A. $4e^2$　　　　　　　B. $8e$　　　　　　　C. 2　　　　　　　D. 8

解法一：猜测法。

因 $t\ln\dfrac{4e^2}{t} = 4\dfrac{\ln\dfrac{4}{t} + 2}{\dfrac{4}{t}}$，观察选项，可设 $\dfrac{4}{t} = e^{-k}$，则 $t\ln\dfrac{4e^2}{t} = 4(2-k)e^k$，$k$ 取值的最大可能性为 0 或 1，$t\ln\dfrac{4e^2}{t}$ 的值分别为 8 和 $4e$。再次观察选项，$t\ln\dfrac{4e^2}{t}$ 取值的最大可能性为

8，故选 D。

解法二：排除法。

因 $t\ln\dfrac{4e^2}{t}=4\dfrac{\ln\dfrac{4}{t}+2}{\dfrac{4}{t}}$，根据选项，可设 $\dfrac{4}{t}=e^{-k}$，则 $t\ln\dfrac{4e^2}{t}=4(2-k)e^k$。

（1）若 $4(2-k)e^k=4e^2$，则 $e^{2-k}-(2-k)=0$。又 $e^x-x\geqslant 1$，故 $e^{2-k}-(2-k)=0$ 不成立。

（2）若 $4(2-k)e^k=8e$，则 $ke^k+2e-2=0$。又 $xe^x\geqslant -\dfrac{1}{e}$，故 $ke^k+2e-2=0$ 不成立。

（3）若 $4(2-k)e^k=2$，则 $\dfrac{2-k}{e^{2-k}}=\dfrac{1}{2e^2}$。又 $x>0$ 时，$\dfrac{x}{e^x}$ 在 $(0,1)$ 内单调递增，在 $(1,+\infty)$ 内单调递减，有 $\dfrac{x}{e^x}\leqslant\dfrac{1}{e}$，于是 $\dfrac{2-k}{e^{2-k}}=\dfrac{1}{2e^2}$ 有两个解，但不容易求出。

（4）若 $4(2-k)e^k=8$，则 $k=0$ 是一个解。

结合（3）和（4），知 $4(2-k)e^k=2$ 不成立的可能性极大，故选 D。

解法三：特殊法。

易求出曲线 C_1 在点 M 处的切线方程为 $y=\dfrac{t}{4}x+1$。

设切线与曲线 C_2 相切于点 $N(x_0,y_0)$，有 $\dfrac{t}{4}x_0+1=e^{x_0+1}-1$ 和 $\dfrac{t}{4}=e^{x_0+1}$。

消去 t，得 $(1-x_0)e^{x_0+1}-2=0$。

令 $f(x)=(1-x)e^{x+1}-2$，则 $f'(x)=-xe^{x+1}$，$f(x)$ 在 $(-\infty,0)$ 内单调递增，在 $(0,+\infty)$ 内单调递减，有 $f(x)\leqslant e-2$，存在 $x_1\in(-\infty,0)$ 和 $x_2\in(0,+\infty)$，使得 $f(x)=0$。

可以看出 $x_1=-1$，此时 $t=4$，$t\ln\dfrac{4e^2}{t}=8$。

对选择题而言，不必小题大做，在特殊情形 $x_1=-1$ 即 x_0 取 -1 时有 $t\ln\dfrac{4e^2}{t}=8$，对于一般情形也有 $t\ln\dfrac{4e^2}{t}=8$，故选 D。

把上面的解法三略作改进，可得下面的解法四。

解法四：直接法。

易求出曲线 C_1 在点 M 处的切线方程为 $y = \dfrac{t}{4}x + 1$。

设切线与曲线 C_2 相切于点 $N(x_0, y_0)$，有 $\dfrac{t}{4}x_0 + 1 = e^{x_0+1} - 1$ 和 $\dfrac{t}{4} = e^{x_0+1}$，得 $t = 4e^{x_0+1}$ 和 $(1-x_0)e^{x_0+1} = 2$，于是 $t\ln\dfrac{4e^2}{t} = 4(1-x_0)e^{x_0+1} = 8$，故选 D。

例五 设 a 和 b 是不相等的两个正数，且 $b\ln a - a\ln b = a - b$，给出下列结论：

（1）$a + b - ab > 1$；（2）$a + b > 2$；（3）$\dfrac{1}{a} + \dfrac{1}{b} > 2$。

以上结论正确的有 ___（1）（2）（3）___ 。

第一类特殊法： 先取 b 的特殊值，再求出 a 的值，进而进行验证。

第一类特殊法尝试一：

令 $b = 1$，代入 $b\ln a - a\ln b = a - b$，得 $a - \ln a + 1 = 0$。

令 $f(x) = x - \ln x + 1$，则 $x = 1$ 是 $f(x)$ 的唯一最小值点并且是零点。

因 $f(a) = a - \ln a + 1 = 0$，必有 $a = 1$，与 $a \neq b$ 矛盾，此时的特殊法尝试失效。

第一类特殊法尝试二：

令 $b = e$，代入 $b\ln a - a\ln b = a - b$，得 $2a - e\ln a - e = 0$。

令 $f(x) = 2x - e\ln x - e, x \in (0, +\infty)$，则 $x = \dfrac{e}{2}$ 是 $f(x)$ 的唯一最小值点且 $f\left(\dfrac{e}{2}\right) < 0$。

因 $f(x)$ 在区间 $\left(\dfrac{e}{2}, +\infty\right)$ 内单调递增，有唯一零点 $x = e$。

因 $f(a) = 2a - e\ln a - e = 0$，若 $a \in \left(\dfrac{e}{2}, +\infty\right)$，则必有 $a = e$，与 $a \neq b$ 矛盾。

$f(x)$ 在区间 $\left(0, \dfrac{e}{2}\right)$ 内单调递减并且有唯一零点，需求出零点较为精确的取值范围。

因 $f\left(\dfrac{1}{e}\right) = \dfrac{2}{e} > 0$，$f\left(\dfrac{e}{4.5}\right) = e\left(\ln 4.5 - \dfrac{16}{9}\right) < 0$，$f(a) = 2a - e\ln a - e = 0$，故 a 的取值范围是 $\dfrac{1}{e} < a < \dfrac{e}{4.5}$，加之 $b = e$，满足（1）（2）（3）。

第二类特殊法： 令 a 和 b 之间有一些特殊的关系，如倒数关系、倍数关系等，再求出 a 和 b 的值，进而进行验证。

第二类特殊法尝试一：

若 $b = \dfrac{1}{a}$，则 $a \neq b \Leftrightarrow a \neq \dfrac{1}{a} \Leftrightarrow a \neq 1$，此时结论（1）（2）（3）均成立。

把 $b = \dfrac{1}{a}$ 代入 $b\ln a - a\ln b = a - b$，得 $a^2 \ln a - a^2 + \ln a + 1 = 0$。

令 $f(x) = \dfrac{1}{2} x\ln x - x + \dfrac{1}{2} \ln x + 1$，欲证：存在 $a \neq 1$，使得 $f(a^2) = 0$。

因 $f'(x) = \dfrac{1}{2} \ln x + \dfrac{1}{2x} - \dfrac{1}{2}$，$f''(x) = \dfrac{x-1}{2x^2}$，$x = 1$ 是 $f'(x)$ 的唯一最小值点并且是零点，于是 $f'(x) > 0$，$x_1 \in (0,1) \cup (1, +\infty)$，从而 $f(x)$ 在区间 $(0, +\infty)$ 内单调递增。

因 $f(1) = 0$，故 $f(x)$ 在区间 $(0, +\infty)$ 内有唯一零点 $x = 1$。又 $f(a^2) = 0$，必有 $a^2 = 1$，于是 $a = 1$，与 $a \neq 1$ 矛盾，此时的特殊法尝试失效。

第二类特殊法尝试二：

令 $b = 2a$，代入 $b\ln a - a\ln b = a - b$，得 $\ln a = \ln 2 - 1$，于是 $a = \dfrac{2}{e}$，$b = \dfrac{4}{e}$，满足（1）（2）（3）。

第三类特殊法： 对 a 和 b 的关系式进行变形，容易看出 a 和 b 的特殊取值，进而进行验证。

第三类特殊法尝试：

由 $b\ln a - a\ln b = a - b$，得 $\dfrac{\ln(ae)}{ae} = \dfrac{\ln(be)}{be}$，进而有 $(ae)^{be} = (be)^{ae}$。因 $2^4 = 4^2$，取 $ae = 2$，$be = 4$，即 $a = \dfrac{2}{e}$，$b = \dfrac{4}{e}$，满足（1）（2）（3）。

求通性通解法：

对 a 和 b 的关系式进行变形、观察、思考，研究其通性通解，进而进行验证。

解法一：

由 $b\ln a - a\ln b = a - b$，得 $\dfrac{\ln(ae)}{ae} = \dfrac{\ln(be)}{be}$。

令 $f(x) = \dfrac{\ln x}{x}$，$x \in (0, +\infty)$，则 $f'(x) = \dfrac{1 - \ln x}{x^2}$。令 $f'(x) = 0$，得 $x = e$，如表 3-1 所示。

表 3-1 函数取值变化

x	$(0,e)$	e	$(e,+\infty)$
$f'(x)$	$+$	0	$-$
$f(x)$	$\uparrow$	最大值 $\dfrac{1}{e}$	$\downarrow$

又 $\dfrac{\ln(ae)}{ae}=\dfrac{\ln(be)}{be}$，$a\neq b$（不妨设 $a<b$），必有 $ae<e,be>e$，即 $a<1,b>1$，有 $(a-1)(b-1)<0$，即 $ab-a-b+1<0$，于是 $a+b-ab>1$，结论（1）成立。

易证 $\dfrac{\ln(e+x)}{e+x}>\dfrac{\ln(e-x)}{e-x},x\in(0,e)$。若 $\dfrac{\ln(e+x_1)}{e+x_1}=\dfrac{\ln(e-x_2)}{e-x_2},x_1,x_2\in(0,e)$，则 $\dfrac{\ln(e+x_1)}{e+x_1}<\dfrac{\ln(e+x_2)}{e+x_2},x_1,x_2\in(0,e)$。考虑到函数 $f(x)=\dfrac{\ln x}{x}$ 在 $(e,+\infty)$ 单调递减，必有 $e+x_1>e+x_2$，于是 $x_1>x_2$，$(e+x_1)+(e-x_2)>2e$。换个表现形式，即 $\dfrac{\ln(ae)}{ae}=\dfrac{\ln(be)}{be}$，必有 $ae+be>2e$，即 $a+b>2$，结论（2）成立。

再由 $b\ln a-a\ln b=a-b$，可得 $\dfrac{1}{a}\ln\dfrac{1}{a}-\dfrac{1}{a}=\dfrac{1}{b}\ln\dfrac{1}{b}-\dfrac{1}{b}$。

令 $g(x)=x\ln x-x,x\in(0,+\infty)$，则 $g'(x)=\ln x$。令 $g'(x)=0$，得 $x=1$，如表 3-2 所示。

表 3-2 函数取值变化

x	$(0,1)$	1	$(1,+\infty)$
$g'(x)$	$-$	0	$+$
$g(x)$	$\downarrow$	最小值 -1	$\uparrow$

易证 $g(1+x)<g(1-x),x\in(0,1)$。若 $g(1+x_1)=g(1-x_2),x_1,x_2\in(0,1)$，则 $g(1+x_1)>g(1+x_2),x_1,x_2\in(0,1)$。又函数 $g(x)=x\ln x-x$ 在 $(1,+\infty)$ 单调递增，故 $1+x_1>1+x_2$，于是 $x_1>x_2$，$(1+x_1)+(1-x_2)>2$。换个表现形式，即 $g\left(\dfrac{1}{a}\right)=g\left(\dfrac{1}{b}\right)$，必有 $\dfrac{1}{a}+\dfrac{1}{b}>2$，结论（3）成立。

综上所述，结论（1）（2）（3）均成立。

解法二：

不妨设 $a<b$，$b=a(1+t)$，$t>0$。代入等式 $b\ln a-a\ln b=a-b$，可得 $a=e^{\frac{\ln(1+t)}{t}-1}$，

$b = (1+t)\mathrm{e}^{\frac{\ln(1+t)}{t}-1}$。

易证 $\ln(1+t) < t$，于是 $\frac{\ln(1+t)}{t} - 1 < 0$，从而 $0 < \mathrm{e}^{\frac{\ln(1+t)}{t}-1} < 1$，即 $0 < a < 1$。

因为 $\ln b = \frac{(1+t)\ln(1+t)}{t} - 1$，易证 $(1+t)\ln(1+t) > t$，于是 $\frac{(1+t)\ln(1+t)}{t} - 1 > 0$，即 $\ln b > 0$，所以 $b > 1$。

由上，知 $(a-1)(b-1) < 0$，即 $ab - a - b + 1 < 0$，于是 $a + b - ab > 1$，结论（1）成立。

因为 $a + b = (2+t)\mathrm{e}^{\frac{\ln(1+t)}{t}-1}$，所以 $\ln(a+b) = \ln(2+t) + \frac{\ln(1+t)}{t} - 1$。

令 $f(t) = \ln(2+t) + \frac{\ln(1+t)}{t} - 1$，则 $f'(t) = \frac{t^3 + 2t^2 + 2t - (2+t)(1+t)\ln(1+t)}{t^2(2+t)(1+t)}$。

令 $g(t) = t^3 + 2t^2 + 2t - (2+t)(1+t)\ln(1+t)$，则 $g'(t) = t^2 + (2t+3)[t - \ln(1+t)] > 0$，于是 $g(t)$ 在 $(0, +\infty)$ 单调递增，因而 $g(t) > g(0)$，即 $g(t) > 0$，从而 $f'(t) > 0$，$f(t)$ 在 $(0, +\infty)$ 单调递增，有 $f(t) > \lim_{t \to 0^+} f(t)$，即 $\ln(a+b) > \ln 2$，于是 $a + b > 2$，结论（2）成立。

因为 $\frac{1}{a} + \frac{1}{b} = \frac{2+t}{1+t}\mathrm{e}^{1-\frac{\ln(1+t)}{t}}$，所以 $\ln\left(\frac{1}{a} + \frac{1}{b}\right) = \ln(2+t) - \frac{(1+t)\ln(1+t)}{t} + 1$。

令 $h(t) = \ln(2+t) - \frac{(1+t)\ln(1+t)}{t} + 1$，则 $h'(t) = \frac{(2+t)\ln(1+t) - 2t}{t^2(2+t)}$。

令 $k(t) = (2+t)\ln(1+t) - 2t$，则 $k'(t) = \frac{(1+t)\ln(1+t) - t}{1+t}$。

显然 $k'(t) > 0$，$k(t)$ 在 $(0, +\infty)$ 单调递增，于是 $k(t) > k(0)$，即 $k(t) > 0$，从而 $h'(t) > 0$，$h(t)$ 在 $(0, +\infty)$ 单调递增，有 $\lim_{t \to 0^+} h(t) < h(t) < \lim_{t \to +\infty} h(t)$，即 $\ln 2 < \ln\left(\frac{1}{a} + \frac{1}{b}\right) < 1$，从而 $2 < \frac{1}{a} + \frac{1}{b} < \mathrm{e}$，结论（3）成立。

综上所述，结论（1）（2）（3）均成立。

注意：结论 $\frac{1}{a} + \frac{1}{b} > 2$ 可加强为 $2 < \frac{1}{a} + \frac{1}{b} < \mathrm{e}$。

3.2 三角函数试题

一、试题

三角函数试题常用解法：利用三角变换、利用正弦定理、利用余弦定理、利用几何图形、利用平面向量和空间向量、利用导数研究函数性质。

例一 任给四边形 $ABCD$ 如图 3-1 所示，E、F 分别是 AB、CD 的中点。证明：$EF \leqslant \dfrac{AD+BC}{2}$。

例二 任给 $\triangle ABC$ 如图 3-2 所示，证明：$\cos A + \cos B + \cos C \leqslant \dfrac{3}{2}$。

例三 在 $\triangle ABC$ 中，角 A、B、C 的对边分别为 a、b、c，且

$$2\cos^2\dfrac{A-B}{2}\cos B - \sin(A-B)\sin B + \cos(A+C) = -\dfrac{3}{5}。$$

（1）求 $\cos A$ 的值；

（2）若 $a = 4\sqrt{2}$，$b = 5$，求向量 $\overrightarrow{BA}$ 在 $\overrightarrow{BC}$ 方向上的投影。

例四 已知 $0 < \alpha < \beta < \dfrac{\pi}{2}$，证明：$\dfrac{\tan\alpha + \tan\beta}{2} > \dfrac{\alpha+\beta}{2}$。

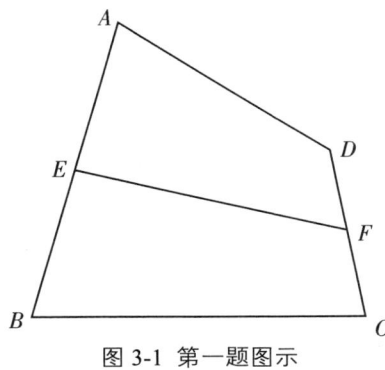

图 3-1 第一题图示

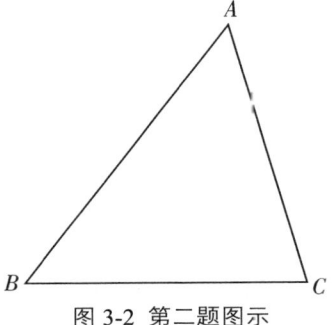

图 3-2 第二题图示

二、三角函数试题参考解答

例一 任给四边形 $ABCD$，E、F 分别是 AB、CD 的中点。证明：$EF \leqslant \dfrac{AD+BC}{2}$。

证：

因 $\overrightarrow{EF} = \overrightarrow{EA} + \overrightarrow{AD} + \overrightarrow{DF}$，$\overrightarrow{EF} = \overrightarrow{EB} + \overrightarrow{BC} + \overrightarrow{CF}$，

故 $2\overrightarrow{EF} = \left(\overrightarrow{EA} + \overrightarrow{EB}\right) + \left(\overrightarrow{AD} + \overrightarrow{BC}\right) + \left(\overrightarrow{DF} + \overrightarrow{CF}\right) = \overrightarrow{AD} + \overrightarrow{BC}$，

进而 $2\left|\overrightarrow{EF}\right| = \left|\overrightarrow{AD} + \overrightarrow{BC}\right| \leqslant \left|\overrightarrow{AD}\right| + \left|\overrightarrow{BC}\right|$，即 $2EF \leqslant AD + BC$，有 $EF \leqslant \dfrac{AD + BC}{2}$。

例二 任给 $\triangle ABC$，证明：$\cos A + \cos B + \cos C \leqslant \dfrac{3}{2}$。

证法一：三角变换法。

$$\cos A + \cos B + \cos C = 2\cos\dfrac{A+B}{2}\cos\dfrac{A-B}{2} + \cos C$$

$$\leqslant 2\cos\dfrac{A+B}{2} + \cos C = 2\sin\dfrac{C}{2} + 1 - 2\sin^2\dfrac{C}{2}$$

$$= \dfrac{3}{2} - 2\left(\sin\dfrac{C}{2} - \dfrac{1}{2}\right)^2 \leqslant \dfrac{3}{2}$$

当 $A = B = C = \dfrac{\pi}{3}$ 时，有 $\cos A + \cos B + \cos C = \dfrac{3}{2}$。

证法二：平面向量法。

令 $\overrightarrow{AB}, \overrightarrow{BC}, \overrightarrow{CA}$ 上的单位向量分别为 α, β, γ，则 $\cos A = -\gamma\alpha, \cos B = -\alpha\beta, \cos C = -\beta\gamma$。

又 $(\alpha + \beta + \gamma)^2 = \alpha^2 + \beta^2 + \gamma^2 + 2(\gamma\alpha + \alpha\beta + \beta\gamma) = 3 - 2(\cos A + \cos B + \cos C)$，

而 $(\alpha + \beta + \gamma)^2 \geqslant 0$，故 $3 - 2(\cos A + \cos B + \cos C) \geqslant 0$，即 $\cos A + \cos B + \cos C \leqslant \dfrac{3}{2}$。

证法三：空间向量法。

令 $\alpha = (1, 1, 1)$，$\beta = (\cos A, \cos B, \cos C)$，则 $\cos A + \cos B + \cos C = \alpha\beta \leqslant |\alpha||\beta|$。

上式等号成立，当且仅当 $\beta = k\alpha (k > 0)$，当且仅当 $\cos A = \cos B = \cos C$，当且仅当 $A = B = C = \dfrac{\pi}{3}$，此时 $\cos A + \cos B + \cos C$ 取最大值 $\dfrac{3}{2}$。

由上知，$\cos A + \cos B + \cos C \leqslant \dfrac{3}{2}$。

证法四：构造函数法。

因 $\cos C = \cos(\pi - A - B) = -\cos(A + B) = -\cos A\cos B + \sin A\sin B$，

令 $F(A, B) = \cos A + \cos B - \cos A\cos B + \sin A\sin B$，则

$$F_A' = -\sin A + \sin A\cos B + \cos A\sin B = -\sin A + \sin(A+B),$$

$$F_B' = -\sin B + \sin B\cos A + \cos B\sin A = -\sin B + \sin(A+B)。$$

令 $F_A' = F_B' = 0$，得 $A = B = \pi - A - B$，有 $A = B = C = \dfrac{\pi}{3}$。

于是 $\left(\dfrac{\pi}{3}, \dfrac{\pi}{3}\right)$ 为 $F(A,B)$ 的唯一极值点，也是 $F(A,B)$ 的唯一最值点，$F\left(\dfrac{\pi}{3}, \dfrac{\pi}{3}\right) = \dfrac{3}{2}$。

又 $F\left(\dfrac{\pi}{4}, \dfrac{\pi}{4}\right) = \sqrt{2} < \dfrac{3}{2}$，故 $\left(\dfrac{\pi}{3}, \dfrac{\pi}{3}\right)$ 为 $F(A,B)$ 的最大值点。

由上知，$\cos A + \cos B + \cos C \leqslant \dfrac{3}{2}$。

例三 在 $\triangle ABC$ 中，角 A、B、C 的对边分别为 a、b、c，且

$$2\cos^2\dfrac{A-B}{2}\cos B - \sin(A-B)\sin B + \cos(A+C) = -\dfrac{3}{5}。$$

（1）求 $\cos A$ 的值；

（2）若 $a = 4\sqrt{2}$，$b = 5$，求向量 $\overrightarrow{BA}$ 在 $\overrightarrow{BC}$ 方向上的投影。

解：

（1）由 $2\cos^2\dfrac{A-B}{2}\cos B - \sin(A-B)\sin B + \cos(A+C) = -\dfrac{3}{5}$，得

$$[\cos(A-B)+1]\cos B - \sin(A-B)\sin B - \cos B = -\dfrac{3}{5}$$

即 $\cos(A-B)\cos B - \sin(A-B)\sin B = -\dfrac{3}{5}$，

则 $\cos(A-B+B) = -\dfrac{3}{5}$，即 $\cos A = -\dfrac{3}{5}$。

（2）由 $\cos A = -\dfrac{3}{5}$，$0 < A < \pi$，得 $\sin A = \dfrac{4}{5}$。

由正弦定理，有 $\dfrac{a}{\sin A} = \dfrac{b}{\sin B}$，于是 $\sin B = \dfrac{b\sin A}{a} = \dfrac{\sqrt{2}}{2}$。

由题知 $a > b$，则 $A > B$，故 $B = \dfrac{\pi}{4}$。

根据余弦定理，有 $(4\sqrt{2})^2 = 5^2 + c^2 - 2\times 5c\times\left(-\dfrac{3}{5}\right)$。

解得 $c = 1$ 或 $c = -7$（舍去）。

故向量 $\overrightarrow{BA}$ 在 $\overrightarrow{BC}$ 方向上的投影为 $|\overrightarrow{BA}|\cos B = \dfrac{\sqrt{2}}{2}$。

例四 已知 $0 < \alpha < \beta < \dfrac{\pi}{2}$，证明：$\dfrac{\tan\alpha + \tan\beta}{2} > \tan\dfrac{\alpha+\beta}{2}$。

证明一：

$$\tan\alpha + \tan\beta - 2\tan\dfrac{\alpha+\beta}{2}$$

$$= \dfrac{\sin\alpha}{\cos\alpha} + \dfrac{\sin\beta}{\cos\beta} - \dfrac{2\sin(\alpha+\beta)}{1+\cos(\alpha+\beta)}$$

$$= \dfrac{\sin\alpha\cos\beta + \cos\alpha\sin\beta}{\cos\alpha\cos\beta} - \dfrac{2\sin(\alpha+\beta)}{1+\cos(\alpha+\beta)}$$

$$= \dfrac{\sin(\alpha+\beta)}{\cos\alpha\cos\beta} - \dfrac{2\sin(\alpha+\beta)}{1+\cos(\alpha+\beta)}$$

$$= \dfrac{\sin(\alpha+\beta)}{\cos\alpha\cos\beta[1+\cos(\alpha+\beta)]}[1+\cos(\alpha+\beta) - 2\cos\alpha\cos\beta]$$

$$= \dfrac{\sin(\alpha+\beta)}{\cos\alpha\cos\beta[1+\cos(\alpha+\beta)]}[1+\cos(\alpha+\beta) - \cos(\alpha+\beta) - \cos(\alpha-\beta)]$$

$$= \dfrac{\sin(\alpha+\beta)[1-\cos(\alpha-\beta)]}{\cos\alpha\cos\beta[1+\cos(\alpha+\beta)]}$$

因 $0 < \alpha < \beta < \dfrac{\pi}{2}$，故上式 > 0，于是原命题成立。

证明二：

如图 3-3 所示，$\angle A = \angle B = \dfrac{\pi}{2}$，$OA = OB = 1$，$\angle AOC = \alpha$，

$\angle BOE = \beta$，$\angle AOD = \angle BOD = \dfrac{\alpha+\beta}{2}$，于是

$\tan\alpha + \tan\beta - 2\tan\dfrac{\alpha+\beta}{2}$
$= AC + BE - (AD + BD)$
$= (BE - BD) - (AD - AC)$
$= DE - CD$

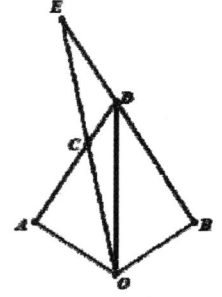

图 3-3 第四题图示

在 $\triangle CDE$ 中，$\angle DCE = \angle ACO = \dfrac{\pi}{2} - \alpha > \dfrac{\pi}{2} - \beta = \angle E$，故 $DE > CD$，于是上式 > 0，原命题成立。

证明三：

令 $f(x) = \tan x + \tan \beta - 2\tan\dfrac{x+\beta}{2}$，$x \in (0, \dfrac{\pi}{2})$，则 $f(\beta) = 0$。

又 $f'(x) = \sec^2 x - \sec^2 \dfrac{x+\beta}{2}$，令 $f'(x) = 0$，得 $x = \beta$。

当 $x \in (0, \beta)$ 时，$f'(x) < 0$，$f(x)$ 单调递减；

当 $x \in (\beta, \dfrac{\pi}{2})$ 时，$f'(x) > 0$，$f(x)$ 单调递增。

于是 $x = \beta$ 为 $f(x)$ 在 $(0, \dfrac{\pi}{2})$ 内的最小值点，从而 $f(\alpha) > f(\beta)$，

即 $f(\alpha) = \tan\alpha + \tan\beta - 2\tan\dfrac{\alpha+\beta}{2} > 0$，原命题成立。

证明四：

令 $f(x) = \tan x$，$x \in (0, \dfrac{\pi}{2})$，则 $f'(x) = \sec^2 x$，$f''(x) = 2\sec^2 x \tan x > 0$，$f(x)$ 在 $(0, \dfrac{\pi}{2})$ 内向下凸，有 $\dfrac{f(\alpha) + f(\beta)}{2} > f(\dfrac{\alpha+\beta}{2})$，原命题成立。

3.3 数列试题

一、试题

数列试题常用解法： 利用等差数列，利用等比数列，转化线性递归数列，转化分式线性递归数列，单调有界数列有极限。

例一 已知数列 $\{a_n\}$ 中，$a_1 = 1$，$a_{n+1} = c - \dfrac{1}{a_n}$。

（1）设 $c = \dfrac{5}{2}$，$b_n = \dfrac{1}{a_n - 2}$，求数列 $\{b_n\}$ 的通项公式；

（2）求使不等式 $a_n < a_{n+1} < 3$ 成立的 c 的取值范围。

例二 已知函数 $f(x) = (1-x)e^x - 1$。

（1）求证：当 $x > 0$ 时，$f(x) < 0$；

（2）数列 $\{x_n\}$ 满足 $x_n e^{x_{n+1}} = e^{x_n} - 1$，$x_1 = 1$，求证：数列 $\{x_n\}$ 单调递减且 $x_n > \dfrac{1}{2^n}$。

二、数列试题参考解答

例一 已知数列 $\{a_n\}$ 中，$a_1 = 1$，$a_{n+1} = c - \dfrac{1}{a_n}$。

（1）设 $c = \dfrac{5}{2}$，$b_n = \dfrac{1}{a_n - 2}$，求数列 $\{b_n\}$ 的通项公式；

（2）求使不等式 $a_n < a_{n+1} < 3$ 成立的 c 的取值范围。

解：

（1）由 $a_{n+1} - 2 = \dfrac{5}{2} - \dfrac{1}{a_n} - 2 = \dfrac{a_n - 2}{2a_n}$，得 $\dfrac{1}{a_{n+1} - 2} = \dfrac{2a_n}{a_n - 2} = \dfrac{4}{a_n - 2} + 2$，也就是 $b_{n+1} = 4b_n + 2$，从而 $b_{n+1} + \dfrac{2}{3} = 4\left(b_n + \dfrac{2}{3}\right)$。

又 $a_1 = 1$，故 $b_1 = \dfrac{1}{a_1 - 2} = -1$，从而 $\left\{b_n + \dfrac{2}{3}\right\}$ 是首项为 $-\dfrac{1}{3}$、公比为 4 的等比数列，有 $b_n + \dfrac{2}{3} = -\dfrac{1}{3} \times 4^{n-1}$，于是 $b_n = -\dfrac{4^{n-1}}{3} - \dfrac{2}{3}$。

（2）因 $a_1 = 1$，故 $a_2 = c - 1$。

若 $a_{n+1} > a_n$，则 $a_2 > a_1$，得 $c > 2$。

反之，下面用数学归纳法证明：当 $c > 2$ 时，有 $a_{n+1} > a_n$。

①当 $n = 1$ 时，$a_2 = c - \dfrac{1}{a_1} > a_1$，命题成立。

②假设 $n = k$ 时，$a_{k+1} > a_k$；则 $n = k+1$ 时，$a_{k+2} = c - \dfrac{1}{a_{k+1}} > c - \dfrac{1}{a_k} = a_{k+1}$。

由①②，知 $c > 2$ 时，有 $a_{n+1} > a_n$。

由上，知 $c > 2 \Leftrightarrow \{a_n\}$ 为单调递增数列。

若 $a_n < a_{n+1} < 3$，则 $\{a_n\}$ 为单调递增有界数列，其极限存在。

令 $a = \lim\limits_{n \to +\infty} a_n$，由 $a_n < 3$，知 $\lim\limits_{n \to +\infty} a_n \leqslant 3$，即 $a \leqslant 3$。

由 $a_{n+1} = c - \dfrac{1}{a_n}$，得 $\lim\limits_{n \to +\infty} a_{n+1} = \lim\limits_{n \to +\infty}\left(c - \dfrac{1}{a_n}\right)$，即 $a = c - \dfrac{1}{a}$，于是 $c = a + \dfrac{1}{a} \leqslant \dfrac{10}{3}$（函数 $a + \dfrac{1}{a}$ 在 $[1,3]$ 上单调递增）。

又 $a_{n+1} > a_n \Rightarrow c > 2$，故 $2 < c \leqslant \dfrac{10}{3}$。

反之，若 $2 < c \leqslant \dfrac{10}{3}$，则 $c > 2 \Rightarrow a_{n+1} > a_n$。由 $a_{n+1} = c - \dfrac{1}{a_n}$，得 $a_{n+1} < c$。故 $\{a_n\}$ 单调递增有界，其极限存在。

令 $a = \lim\limits_{n \to +\infty} a_n$，由 $a_{n+1} = c - \dfrac{1}{a_n}$，得 $\lim\limits_{n \to +\infty} a_{n+1} = \lim\limits_{n \to +\infty}\left(c - \dfrac{1}{a_n}\right)$，即 $a = c - \dfrac{1}{a}$，于是 $c = a + \dfrac{1}{a}$。

又 $c \leqslant \dfrac{10}{3}$，即 $a + \dfrac{1}{a} \leqslant \dfrac{10}{3}$，则 $a \leqslant 3$。因 $a_n < a$，故 $a_n < 3$。

由上，知 $2 < c \leqslant \dfrac{10}{3} \Leftrightarrow a_n < a_{n+1} < 3$。

综上，c 的取值范围是 $\left(2, \dfrac{10}{3}\right]$。

例二 已知函数 $f(x) = (1-x)\mathrm{e}^x - 1$。

（1）求证：当 $x > 0$ 时，$f(x) < 0$；

（2）数列 $\{x_n\}$ 满足 $x_n\mathrm{e}^{x_{n+1}} = \mathrm{e}^{x_n} - 1$，$x_1 = 1$，求证：数列 $\{x_n\}$ 单调递减且 $x_n > \dfrac{1}{2^n}$。

证：

（1）当 $x > 0$ 时，$f'(x) = -x\mathrm{e}^x < 0$，$f(x)$ 在 $(0, +\infty)$ 内单调递减，$f(x) < f(0) = 0$。

（2）由 $x_n\mathrm{e}^{x_{n+1}} = \mathrm{e}^{x_n} - 1$，得 $\mathrm{e}^{x_{n+1}} = \dfrac{\mathrm{e}^{x_n} - 1}{x_n}$。

结合 $x_1 = 1$ 及 $\mathrm{e}^x > 1 + x\,(x > 0)$，有 $\mathrm{e}^{x_2} = \dfrac{\mathrm{e}^{x_1} - 1}{x_1} > 1$，于是 $x_2 > 0$。

又 $x_{n+1} > 0 \Leftrightarrow \mathrm{e}^{x_{n+1}} > 1 \Leftrightarrow \dfrac{\mathrm{e}^{x_n} - 1}{x_n} > 1 \Leftrightarrow \mathrm{e}^{x_n} > 1 + x_n \Leftrightarrow x_n > 0$，故 $x_n > 0 \Rightarrow x_{n+1} > 0$。

于是对任意 $n \in \mathbb{N}^*$，有 $x_n > 0$。

又 $x_{n+1} < x_n \Leftrightarrow \mathrm{e}^{x_{n+1}} < \mathrm{e}^{x_n} \Leftrightarrow \dfrac{\mathrm{e}^{x_n} - 1}{x_n} < \mathrm{e}^{x_n} \Leftrightarrow (1 - x_n)\mathrm{e}^{x_n} - 1 < 0$，而 $x_n > 0$，由（1）知不等式 $(1 - x_n)\mathrm{e}^{x_n} - 1 < 0$ 成立，故 $x_{n+1} < x_n$，即数列 $\{x_n\}$ 单调递减。

又 $x_n > \dfrac{1}{2^n} \Leftarrow x_{n+1} > \dfrac{1}{2}x_n \Leftarrow \mathrm{e}^{x_{n+1}} > \mathrm{e}^{\frac{1}{2}x_n} \Leftarrow \dfrac{\mathrm{e}^{x_n} - 1}{x_n} > \mathrm{e}^{\frac{1}{2}x_n} \Leftarrow \mathrm{e}^{x_n} - x_n\mathrm{e}^{\frac{1}{2}x_n} - 1 > 0$。

令 $g(x) = e^x - xe^{\frac{1}{2}x} - 1 (x > 0)$，则 $g'(x) = e^{\frac{1}{2}x}\left(e^{\frac{1}{2}x} - 1 - \frac{1}{2}x\right) > 0$，于是 $g(x)$ 在区间 $(0, +\infty)$ 内单调递增，有 $e^{x_n} - x_n e^{\frac{1}{2}x_n} - 1 = g(x_n) > g(0) = 0$，故 $x_n > \frac{1}{2^n}$。

综上，数列 $\{x_n\}$ 单调递减且 $x_n > \frac{1}{2^n}$。

3.4 求参数取值范围试题

求参数取值范围常用方法：

（1）对参数进行分类讨论。

已知 $f(x)$，a 为参数，通过观察对 a 进行分类讨论。

（2）找关键点或利用极端准则等方法。

已知 $f(x)$，a 为参数，通过观察找 x 的特殊取值或极限，求出 a 的取值范围并验证。

（3）把函数的极值点转化为参数的函数。

已知 $f(x)$，a 为参数，由 $f'(x) = 0 \Rightarrow x = g(a)$。

（4）把函数的参数转化为极值点的函数。

已知 $f(x)$，a 为参数，由 $f'(x) = 0 \Rightarrow a = g(x)$。

（5）分离参数，构造函数。

已知 $f(x)$，a 为参数，由 $f(x)$ 满足的关系推出 $a \vee g(x)$。

（6）变更主元。

已知 $f(x)$，a 为参数，把以 x 为自变量的函数 $f(x)$ 写成以 a 为自变量的函数 $g(a)$。

（7）构造同构式。

已知 $f(x)$，a 为参数，构造一个单调函数 $g(y)$，把 $f(x)$ 满足的关系转化为比较 $g(y)$ 在两点 $y_1(a)$ 和 $y_2(a)$ 的大小，推出 $y_1(a) \vee y_2(a)$，进而求出 a 的取值范围。

一、试题

例一 设函数 $f(x) = \frac{a}{2}x^2 + (a+1)x + 2\ln(x-1)$。

（1）若曲线 $y=f(x)$ 在点 $(2,f(2))$ 处的切线与直线 $2x-y+1=0$ 平行，求出这条切线的方程；

（2）讨论函数 $f(x)$ 的单调性；

（3）若对任意的 $x\in(1,+\infty)$，都有 $f(x)<-2$，求实数 a 的取值范围。

例二 若 $(ax^2-4x+6)e^x-(a-1)x^2-2x-6\geqslant 0$ 恒成立，求 a 的取值范围。

例三 若 $(ax+6)\ln(x+1)-(a-3)x^2-6x\leqslant 0$ 恒成立，求 a 的取值范围。

例四 令 $f(x)=e^x+ax+\sin x$，$a\in\mathbb{R}$。

（1）证明：当 $a=-1$ 时，$f(x)>0$ 恒成立；

（2）如果 $f(x)$ 是单调递增函数，求 a 的取值范围。

例五 若 $x>0$ 时，不等式 $(e^x-a)\ln(x+1)>x^2$ 恒成立，求实数 a 的取值范围。

例六 若 $f(x)=ae^x-x^3+3x^2-5x+1$ 有四个零点，求 a 的取值范围。

二、求参数取值范围试题参考解答

例一 设函数 $f(x)=\dfrac{a}{2}x^2+(a+1)x+2\ln(x-1)$。

（1）若曲线 $y=f(x)$ 在点 $(2,f(2))$ 处的切线与直线 $2x-y+1=0$ 平行，求出这条切线的方程；

（2）讨论函数 $f(x)$ 的单调性；

（3）若对任意的 $x\in(1,+\infty)$，都有 $f(x)<-2$，求实数 a 的取值范围。

下面仅讨论第三小题。

解法一：分类讨论。

令 $F(x)=\dfrac{a}{2}x^2+(a+1)x+2\ln(x-1)+2$，则 $F(x)<0$。

若 $a\geqslant 0$，则 $F(x)\geqslant x+2\ln(x-1)+2$，于是 $F(2)\geqslant 4$，矛盾。

若 $a<0$，则 $F(x)_{\max}=F\left(\dfrac{a-1}{a}\right)=\dfrac{3a^2+2a-1}{2a}-2\ln(-a)$。

欲使 $F(x)<0$，须使 $F\left(\dfrac{a-1}{a}\right)=\dfrac{3a^2+2a-1}{2a}-2\ln(-a)<0$，于是 $a<-1$。

而 $a<-1 \Rightarrow F(x)_{\max}=F\left(\dfrac{a-1}{a}\right)=\dfrac{3a^2+2a-1}{2a}-2\ln(-a)<0 \Rightarrow F(x)<0$。

解法二：找关键点。

令 $F(x)=\dfrac{a}{2}x^2+(a+1)x+2\ln(x-1)+2$，则 $F(x)<0$，有 $F(2)<0$，故 $a<-1$。

而 $a<-1 \Rightarrow F(x)_{\max}=F\left(\dfrac{a-1}{a}\right)=\dfrac{3a^2+2a-1}{2a}-2\ln(-a)<0 \Rightarrow F(x)<0$。

解法三：分离参量，构造函数，利用导数研究函数。

由 $f(x)<-2$，得 $a<-2\left(\dfrac{x+2\ln(x-1)+2}{x^2+2x}\right)$，$x\in(1,+\infty)$。

令 $t=\ln(x-1)$，则 $x=\mathrm{e}^t+1$，于是 $\dfrac{x+2\ln(x-1)+2}{x^2+2x}=\dfrac{\mathrm{e}^t+2t+3}{(\mathrm{e}^t+1)(\mathrm{e}^t+3)}$，$t\in\mathbb{R}$。

令 $g(t)=\dfrac{\mathrm{e}^t+2t+3}{(\mathrm{e}^t+1)(\mathrm{e}^t+3)}$，$t\in\mathbb{R}$，下面求 $g(t)$ 的最大值。

$$g'(t)=\dfrac{(\mathrm{e}^t+2)(-\mathrm{e}^{2t}-2\mathrm{e}^t-4t\mathrm{e}^t+3)}{(\mathrm{e}^t+1)^2(\mathrm{e}^t+3)^2}$$

令 $h(t)=-\mathrm{e}^{2t}-2\mathrm{e}^t-4t\mathrm{e}^t+3$，则 $h(t)$ 有零点。

又 $h'(t)=-2\mathrm{e}^t(\mathrm{e}^t+2t+3)$，在 $\mathbb{R}$ 上恰有一个零点为负数 t_1。

当 $t<t_1$ 时，有 $\mathrm{e}^t+2t+3<0$；当 $t>t_1$ 时，有 $\mathrm{e}^t+2t+3>0$。

假设 $h(t)$ 恰有两个零点，一个为负数 t_2，另一个为 0。

显然 $t_2<t_1$，于是 $\mathrm{e}^{t_2}+2t_2+3<0$，从而 $h'(t_2)=-2\mathrm{e}^{t_2}(\mathrm{e}^{t_2}+2t_2+3)>0$。

如表 3-3 所示。

表 3-3 函数取值变化

t	$-\infty$	$(-\infty,t_0)$	t_2	$(t_2,0)$	0	$(0,+\infty)$	$+\infty$
$h'(t)$	0	+	+	+ → −	−8	−	$-\infty$
$h(t)$	3	+	0	恒正或恒负	0	−	$-\infty$

若 $h(t)$ 在 $(t_2,0)$ 内恒正，则 $h'(t_2)=0$，矛盾；若 $h(t)$ 在 $(t_2,0)$ 内恒负，则 $h'(0)=0$，矛

盾。故假设不成立，$h(t)$恰有一个零点$t=0$，于是$g'(t)$恰有一个零点$t=0$。

当$t<0$时，有$g'(t)>0$；当$t>0$时，有$g'(t)<0$。

于是$t=0$为$g(t)$的最大值点，即$g(t)_{\max}=g(0)=\dfrac{1}{2}$，故$a<-1$。

而$a<-1\Rightarrow F(x)_{\max}=F\left(\dfrac{a-1}{a}\right)=\dfrac{3a^2+2a-1}{2a}-2\ln(-a)<0\Rightarrow F(x)<0$。

解法四：分离参量，构造函数，利用放缩法进行两边夹。

由$f(x)<-2$，得$a<-2\left(\dfrac{x+2\ln(x-1)+2}{x^2+2x}\right)$，$x\in(1,+\infty)$。

令$t=\ln(x-1)$，则$x=e^t+1$，于是$\dfrac{x+2\ln(x-1)+2}{x^2+2x}=\dfrac{e^t+2t+3}{(e^t+1)(e^t+3)}$，$t\in\mathbb{R}$。

令$g(t)=\dfrac{e^t+2t+3}{(e^t+1)(e^t+3)}$，$t\in\mathbb{R}$，下面求$g(t)$的最大值。

若$t\geqslant 0$，则$\dfrac{1}{e^t+1}\leqslant g(t)\leqslant \dfrac{3e^t+1}{(e^t+1)(e^t+3)}$。

易证$\dfrac{1}{e^t+1}$和$\dfrac{3e^t+1}{(e^t+1)(e^t+3)}$均在区间$[0,+\infty)$内单调递减，两个函数均在$t=0$时取得最大值$\dfrac{1}{2}$，于是$g(t)_{\max}=g(0)=\dfrac{1}{2}$。

若$t\leqslant 0$，则$\dfrac{e^t+2t+3}{8}\leqslant g(t)\leqslant \dfrac{3t+4}{(e^t+1)(e^t+3)}$。

易证$\dfrac{e^t+2t+3}{8}$和$\dfrac{3t+4}{(e^t+1)(e^t+3)}$均在区间$(-\infty,0]$内单调递增，两个函数均在$t=0$时取得最大值$\dfrac{1}{2}$，于是$g(t)_{\max}=g(0)=\dfrac{1}{2}$。

综上，有$g(t)_{\max}=g(0)=\dfrac{1}{2}$，$t\in\mathbb{R}$，故$a<-1$。

而 $a<-1 \Rightarrow F(x)_{max} = F\left(\dfrac{a-1}{a}\right) = \dfrac{3a^2+2a-1}{2a} - 2\ln(-a) < 0 \Rightarrow F(x) < 0$。

例二 若 $(ax^2-4x+6)e^x - (a-1)x^2 - 2x - 6 \geqslant 0$ 恒成立，求 a 的取值范围。

解法一：

令 $f(x) = (ax^2-4x+6)e^x - (a-1)x^2 - 2x - 6$，则 $f(0)=0$。

原命题成立，当且仅当 $f(x)$ 在 $x=0$ 处取得最小值。

$f'(x) = [ax^2+(2a-4)x+2]e^x - 2(a-1)x - 2$，$f'(0)=0$；

$f''(x) = [ax^2+(4a-4)x+2a-2]e^x - 2a + 2$，$f''(0)=0$；

$f'''(x) = [ax^2+(6a-4)x+6a-6]e^x$。

令 $f'''(0) = 6a-6 = 0$，得 $a=1$，有

$f(x) = (x^2-4x+6)e^x - 2x - 6$

$f'(x) = (x^2-2x+2)e^x - 2$

$f''(x) = x^2 e^x$

$f'''(x) = (x^2+2x)e^x$

如表 3-4 所示。

表 3-4 函数取值变化

x	$(-\infty,0)$	0	$(0,+\infty)$
$f''(x)$	+	0	+
$f'(x)$	−	0	+
$f(x)$	+	0	+

综上，$a=1$。

解法二：

由 $(ax^2-4x+6)e^x - (a-1)x^2 - 2x - 6 \geqslant 0$，得 $ax^2(e^x-1) \geqslant (4x-6)e^x - x^2 + 2x + 6$。

当 $x>0$ 时，有 $a \geqslant \dfrac{(4x-6)e^x - x^2 + 2x + 6}{x^2(e^x-1)}$，进而 $a \geqslant \lim\limits_{x \to 0} \dfrac{(4x-6)e^x - x^2 + 2x + 6}{x^2(e^x-1)}$；

当 $x<0$ 时，有 $a \leqslant \dfrac{(4x-6)e^x - x^2 + 2x + 6}{x^2(e^x-1)}$，进而 $a \leqslant \lim\limits_{x \to 0} \dfrac{(4x-6)e^x - x^2 + 2x + 6}{x^2(e^x-1)}$。

由上，得

$$a = \lim_{x \to 0} \frac{(4x-6)e^x - x^2 + 2x + 6}{x^2(e^x - 1)} \quad \left(\frac{0}{0}\text{型，分子分母分别求导}\right)$$

$$= \lim_{x \to 0} \frac{(4x-2)e^x - 2x + 2}{(x^2 + 2x)e^x - 2x} \quad \left(\frac{0}{0}\text{型，分子分母分别求导}\right)$$

$$= \lim_{x \to 0} \frac{(4x+2)e^x - 2}{(x^2 + 4x + 2)e^x - 2} \quad \left(\frac{0}{0}\text{型，分子分母分别求导}\right)$$

$$= \lim_{x \to 0} \frac{4x + 6}{x^2 + 6x + 6}$$

$$= 1$$

当 $a = 1$ 时，有

$$f(x) = (x^2 - 4x + 6)e^x - 2x - 6$$

$$f'(x) = (x^2 - 2x + 2)e^x - 2$$

$$f''(x) = x^2 e^x$$

如表 3-5 所示。

表 3-5 函数取值变化

x	$(-\infty, 0)$	0	$(0, +\infty)$
$f''(x)$	+	0	+
$f'(x)$	−	0	+
$f(x)$	+	0	+

综上，$a = 1$。

例三 若 $(ax+6)\ln(x+1) - (a-3)x^2 - 6x \leqslant 0$ 恒成立，求 a 的取值范围。

解法一：

令 $f(x) = (ax+6)\ln(x+1) - (a-3)x^2 - 6x$，则 $f(0)=0$。

原命题成立，当且仅当 $f(x)$ 在 $x = 0$ 处取得最大值。

$$f'(x) = a\ln(x+1) + \frac{6-a}{x+1} - 2(a-3)x - 6 + a, \quad f'(0) = 0;$$

$$f''(x) = \frac{a}{x+1} + \frac{a-6}{(x+1)^2} - 2a + 6, \quad f''(0) = 0;$$

$$f'''(x) = -\frac{a}{(x+1)^2} - \frac{2a-12}{(x+1)^3}。$$

令 $f'''(0) = -3a + 12 = 0$,得 $a = 4$,有

$$f(x) = (4x+6)\ln(x+1) - x^2 - 6x$$

$$f'(x) = 4\ln(x+1) + \frac{2}{x+1} - 2x - 2$$

$$f''(x) = \frac{4}{x+1} - \frac{2}{(x+1)^2} - 2 = -\frac{2x^2}{(x+1)^2}$$

如表 3-6 所示。

表 3-6　函数取值变化

x	$(-1,0)$	0	$(0,+\infty)$
$f''(x)$	−	0	−
$f'(x)$	+	0	−
$f(x)$	−	0	−

综上，$a = 4$。

解法二：

由原不等式，得 $a[x\ln(x+1) - x^2] \leq 6x - 3x^2 - 6\ln(x+1)$。

当 $x \in (-1, 0)$ 时，$a \leq \dfrac{6x - 3x^2 - 6\ln(x+1)}{x\ln(x+1) - x^2}$，进而 $a \leq \lim\limits_{x \to 0} \dfrac{6x - 3x^2 - 6\ln(x+1)}{x\ln(x+1) - x^2}$；

当 $x \in (0, +\infty)$ 时，$a \geq \dfrac{6x - 3x^2 - 6\ln(x+1)}{x\ln(x+1) - x^2}$，进而 $a \geq \lim\limits_{x \to 0} \dfrac{6x - 3x^2 - 6\ln(x+1)}{x\ln(x+1) - x^2}$。

由上，有

$$a = \lim_{x \to 0} \frac{6x - 3x^2 - 6\ln(x+1)}{x\ln(x+1) - x^2} \quad \left(\frac{0}{0} \text{型，分子分母分别求导}\right)$$

$$= \lim_{x \to 0} \frac{6 - 6x - \dfrac{6}{x+1}}{\ln(x+1) + 1 - \dfrac{1}{x+1} - 2x} \quad \left(\frac{0}{0} \text{型，分子分母分别求导}\right)$$

$$= \lim_{x \to 0} \frac{-6 + \dfrac{6}{(x+1)^2}}{\dfrac{1}{x+1} + \dfrac{1}{(x+1)^2} - 2} \quad \left(\frac{0}{0}\text{型，分子分母分别求导}\right)$$

$$= \lim_{x \to 0} \frac{6 - 6(x+1)^2}{2 + x - 2(x+1)^2} \quad \left(\frac{0}{0}\text{型，分子分母分别求导}\right)$$

$$= \lim_{x \to 0} \frac{-12(x+1)}{1 - 4(x+1)}$$

$$= 4$$

当 $a = 4$ 时，有

$$f(x) = (4x+6)\ln(x+1) - x^2 - 6x$$

$$f'(x) = 4\ln(x+1) + \frac{2}{x+1} - 2x - 2$$

$$f''(x) = \frac{4}{x+1} - \frac{2}{(x+1)^2} - 2 = -\frac{2x^2}{(x+1)^2}$$

如表 3-7 所示。

表 3-7 函数取值变化

x	$(-1,0)$	0	$(0,+\infty)$
$f''(x)$	−	0	−
$f'(x)$	+	0	−
$f(x)$	−	0	−

综上，$a = 4$。

例四 令 $f(x) = e^x + ax + \sin x$，$a \in \mathbb{R}$。

（1）证明：当 $a = -1$ 时，$f(x) > 0$ 恒成立；

（2）如果 $f(x)$ 是单调递增函数，求 a 的取值范围。

解：

（1）当 $a = -1$ 时，$f(x) = e^x - x + \sin x \geqslant e^x - x - 1$。

令 $g(x) = e^x - x - 1$，则 $g'(x) = e^x - 1$。令 $g'(x) = 0$，得 $x = 0$。

当 $x < 0$ 时，$g'(x) < 0$，$g(x)$ 单调递减；当 $x > 0$ 时，$g'(x) > 0$，$g(x)$ 单调递增。

故 $g(x)$ 在 $x=0$ 处取得最小值，即 $g(x) \geqslant g(0)$，也就是 $g(x) \geqslant 0$，于是 $f(x) \geqslant 0$。

我们断言：$f(x) \neq 0$。

若存在 $x_0 \in \mathbb{R}$，使得 $f(x_0) = 0$，则 $g(x_0) = 0$，必有 $x_0 = 0$，而 $f(0) = 1 > 0$，矛盾。

故 $f(x) \neq 0$，$f(x) > 0$ 恒成立。

（2）$f'(x) = e^x + a + \cos x > a - 1$。

当 $a \geqslant 1$ 时，$f'(x) > 0$，$f(x)$ 单调递增。

当 $a < 1$ 时，令 $x = (2k-1)\pi$，则 $f'[(2k-1)\pi] = e^{(2k-1)\pi} + a - 1$。因 $\lim\limits_{k \to -\infty} e^{(2k-1)\pi} = 0$，故存在充分大 $M > 0$，使得当 $k < -M$ 时，$e^{(2k-1)\pi} + a - 1 < 0$，即 $f'[(2k-1)\pi] < 0$，此时 $f(x)$ 非单调递增。

综上，如果 $f(x)$ 是单调递增函数，则 $a \geqslant 1$。

例五 若 $x > 0$ 时，不等式 $(e^x - a)\ln(x+1) > x^2$ 恒成立，求实数 a 的取值范围。

解：

$(e^x - a)\ln(x+1) > x^2 \Rightarrow a < e^x - \dfrac{x^2}{\ln(x+1)} < e^x - x$。因 $e^x - x > 1$，故 $a \leqslant 1$。

下面验证 $(e^x - a)\ln(x+1) > x^2$。注意到 $(e^x - a)\ln(x+1) \geqslant (e^x - 1)\ln(x+1)$，只需验证 $(e^x - 1)\ln(x+1) > x^2$ 即可。

因 $(e^x - 1)\ln(x+1) > x^2 \Leftrightarrow \dfrac{e^x - 1}{x} > \dfrac{x}{\ln(x+1)} \Leftrightarrow \dfrac{e^x - 1}{x} > \dfrac{e^{\ln(x+1)} - 1}{\ln(x+1)}$，易证 $\dfrac{e^x - 1}{x}$ 单调递增，而 $x > \ln(x+1)$，故 $\dfrac{e^x - 1}{x} > \dfrac{e^{\ln(x+1)} - 1}{\ln(x+1)}$。

综上，$a \leqslant 1$。

例六 若 $f(x) = ae^x - x^3 + 3x^2 - 5x + 1$ 有四个零点，求 a 的取值范围。

解：

$ae^x - x^3 + 3x^2 - 5x + 1 = 0 \Leftrightarrow (-x^3 + 3x^2 - 5x + 1)e^{-x} + a = 0$

令 $x = -t$，则 $(-x^3 + 3x^2 - 5x + 1)e^{-x} + a = 0 \Leftrightarrow (t^3 + 3t^2 + 5t + 1)e^t + a = 0$。

令 $g(t) = (t^3 + 3t^2 + 5t + 1)e^t + a$，则 $g(t)$ 有四个零点。

又 $g'(t) = (t+1)(t+2)(t+3)e^t$，令 $g'(t) = 0$，得 $t = -1, -2, -3$，如表 3-8 所示。

表 3-8 函数取值变化

t	$(-\infty, -3)$	-3	$(-3, -2)$	-2	$(-2, -1)$	-1	$(-1, +\infty)$
$g'(t)$	$-$	0	$+$	0	$-$	0	$+$
$g(t)$	单调递减 正变负 有零点	$-$	单调递增 负变正 有零点	$+$	单调递减 正变负 有零点	$-$	单调递增 负变正 有零点

因 $g(-\infty) = a > 0$，$g(-3) = a - \frac{14}{e^3} < 0$，$g(-2) = a - \frac{5}{e^2} > 0$，$g(-1) = a - \frac{2}{e} < 0$，

故 $\frac{5}{e^2} < a < \frac{14}{e^3}$。

3.5 双变元试题

双变元问题解决之道——化双为单：

（1）把一个变元表示为另一个变元的函数。

已知 $F(x, y) \vee 0$，若 $y = g(x)$，令 $H(x) = F(x, g(x))$。

（2）把两个变元进行恰当的组合，构造一个新的变元。

已知 $F(x, y) \vee 0$，若 $t = g(x, y)$，令 $H(t) = H(g(x, y)) = F(x, y)$。

（3）给出两个变元的参数表达式。

已知 $F(x, y) \vee 0$，若 $x = u(t)$，$y = v(t)$，令 $H(t) = F(u(t), v(t))$。

（4）构造同构式。

已知 $F(x, y) \vee 0$，若 $F(x, y) \vee 0 \Rightarrow g(x) \vee g(y)$，则研究 $g(t)$ 的单调性。

（5）求二元函数偏导数。

已知 $F(x, y) \vee 0$，计算 $\frac{\partial F}{\partial x}$ 和 $\frac{\partial F}{\partial y}$，判断 $F(x, y)$ 对 x 和 y 的单调性。

（6）利用隐函数求导。

已知 $F(x, y) = 0$，若 $x \xleftrightarrow{1-1} y$，则把 y 看作 x 的函数。计算出 $\frac{\partial F}{\partial x}$ 和 $\frac{\partial F}{\partial y} \neq 0$，那么 $y' = -\frac{\partial F}{\partial x} \big/ \frac{\partial F}{\partial y}$。

一、试题

例一 令 $f(x) = e^x - ax + 1$。若在区间 $[0,2]$ 上存在实数 m 和 n，且 $|m-n| \geq 1$，使得 $f(m) = f(n)$，求 a 的取值范围。

例二 若不等式 $\ln x \geq \dfrac{k(x-1)}{x+1}$ 对任意 $x \in [1, +\infty)$ 恒成立。

（1）求 k 的取值范围；

（2）已知 $f(x) = \dfrac{\ln x}{x}$，如果 $f(x_1) = f(x_2) = m$ 且 $x_1 < x_2$，证明 $x_1 + x_2 > \dfrac{3}{m} - e$。

二、双变元试题参考解答

例一 令 $f(x) = e^x - ax + 1$。若在区间 $[0,2]$ 上存在实数 m 和 n，且 $|m-n| \geq 1$，使得 $f(m) = f(n)$，求 a 的取值范围。

解：

由 $f(m) = f(n)$，得 $a = \dfrac{e^m - e^n}{m - n}$，这里 $m, n \in [0, 2]$，$|m-n| \geq 1$。不妨令 $m - n \geq 1$。

因 $a'_m = \dfrac{(m-n-1)e^m + e^n}{(m-n)^2} > 0$，故 $m \uparrow \Rightarrow a \uparrow$。

又 $a'_n = \dfrac{e^m - e^n(m-n+1)}{(m-n)^2} = \dfrac{e^n\left[e^{m-n} - 1 - (m-n)\right]}{(m-n)^2} > 0$，故 $n \uparrow \Rightarrow a \uparrow$。

注意到 $m, n \in [0, 2]$，$m - n \geq 1$，有

当 $m = 2, n = 1$ 时，$a_{\max} = e^2 - e$；

当 $m = 1, n = 0$ 时，$a_{\min} = e - 1$。

综上，有 $e - 1 \leq a \leq e^2 - e$。

例二 若不等式 $\ln x \geq \dfrac{k(x-1)}{x+1}$ 对任意 $x \in [1, +\infty)$ 恒成立。

（1）求 k 的取值范围；

（2）已知 $f(x) = \dfrac{\ln x}{x}$，如果 $f(x_1) = f(x_2) = m$ 且 $x_1 < x_2$，证明 $x_1 + x_2 > \dfrac{3}{m} - e$。

解：

（1）$k \leqslant \lim\limits_{x \to 1} \dfrac{(x+1)\ln x}{x-1} = \lim\limits_{x \to 1}\left(\ln x + \dfrac{x+1}{x}\right) = 2$。

（2）显然，$1 < x_1 < e < x_2$，有

$$x_1 + x_2 > \dfrac{3}{m} - e$$
$$\Leftrightarrow mx_1 + mx_2 + me - 3 > 0$$
$$\Leftrightarrow (mx_1 + mx_2 + me - 3)(x_1 - x_2) < 0$$
$$\Leftrightarrow mx_1^2 + mex_1 - 3x_1 < mx_2^2 + mex_2 - 3x_2$$
$$\Leftrightarrow x_1 \ln x_1 + e\ln x_1 - 3x_1 < x_2 \ln x_2 + e\ln x_2 - 3x_2$$

令 $g(x) = x\ln x + e\ln x - 3x$，证明 $g(x)$ 单调递增即可。

因 $g'(x) = \ln x + \dfrac{e}{x} - 2$，$g''(x) = \dfrac{x-e}{x^2}$，$g'(x)$ 在 $x = e$ 处取得最小值 $g'(x)_{\min} = g'(e) = 0$，从而 $g'(x) \geqslant 0$，仅在 $x = e$ 处为零，于是 $g(x)$ 单调递增，有 $g(x_1) < g(x_2)$。

综上，原命题得证。

3.6 求公切线试题

一、试题

例一 令曲线 $C_1: y = x^2 + ax + b$，曲线 $C_2: y = \ln x$。如果两条曲线有公切线，给出 a 和 b 满足的关系。

例二 已知抛物线 $C_1: y = -x^2 - \dfrac{1}{2}$ 和抛物线 $C_2: y = x^2 + 2ax$，其中 a 为实数。如果直线 l 同时是 C_1 和 C_2 的切线，那么称 l 是 C_1 和 C_2 的公切线。相应地，公切线上两个切点之间的线段成为公切线段。

（1）当 a 为何值时，C_1 和 C_2 有且仅有一条公切线？

（2）证明：若 C_1 和 C_2 有两条公切线，则这两条公切线段互相平分。

二、求公切线试题参考解答

例一 令曲线 $C_1: y = x^2 + ax + b$，曲线 $C_2: y = \ln x$。如果两条曲线有公切线，给出 a 和

b 满足的关系。

略解：

两条曲线有公切线 $\Leftrightarrow x^2+ax+b \geq \ln x$ 恒成立 $\Leftrightarrow b \geq \ln x - x^2 - ax$ 恒成立 $\Leftrightarrow b \geq (\ln x - x^2 - ax)_{\max}$

$\Leftrightarrow b \geq \ln \dfrac{\sqrt{a^2+8}-a}{4} + \left(\dfrac{\sqrt{a^2+8}-a}{4}\right)^2 - 1$。

详解：

曲线 $C_1: y=f(x)=x^2+ax+b$，$f''(x)=2>0$，C_1 向下凸；

曲线 $C_2: y=g(x)=\ln x$，$g''(x)=-\dfrac{1}{x^2}<0$，C_2 向上凸；

直线 $l: y=h(x)=g'(t)(x-t)+g(t)=\dfrac{x}{t}+\ln t-1$。

显然，l 是 C_2 在 $x=t$ 处的切线。

下列命题等价：

（1）l 是 C_1 的切线；

（2）$F(x)=f(x)-h(x)=x^2+\left(a-\dfrac{1}{t}\right)x+b-\ln t+1$ 的最小值为 0；

（3）令 $F'(x)=2x+a-\dfrac{1}{t}=0$，得 $x=-\dfrac{1}{2}\left(a-\dfrac{1}{t}\right)$。代入 $F(x)$，得 $F(x)$ 的最小值函数

$G(t)=\left[-\dfrac{1}{2}\left(a-\dfrac{1}{t}\right)\right]^2-\dfrac{1}{2}\left(a-\dfrac{1}{t}\right)^2+b-\ln t+1=-\dfrac{1}{4}\left(a-\dfrac{1}{t}\right)^2+b-\ln t+1$，必存在 $t\in(0,+\infty)$，使得 $G(t)=0$。

易证三个命题的等价性，我们来研究命题（3）。

因 $G(+\infty)<0$，只需 $G(t)_{\max} \geq 0$，必存在 $t\in(0,+\infty)$，使得 $G(t)=0$。

又 $G'(t)=\dfrac{1-at-2t^2}{2t^3}$，令 $G'(t)=0$，得 $a=\dfrac{1}{t}-2t$。

代入 $G(t)$，得 $G(t)$ 的最大值 $G(t)_{\max}=b-t^2-\ln t+1$。

由 $a=\dfrac{1}{t}-2t$，得 $t=\dfrac{\sqrt{a^2+8}-a}{4}$，代入 $G(t)_{\max}$，得

$$G(t)_{\max} = b - \ln\frac{\sqrt{a^2+8}-a}{4} - \left(\frac{\sqrt{a^2+8}-a}{4}\right)^2 + 1$$

于是 $G(t)_{\max} \geq 0 \Leftrightarrow b \geq \ln\dfrac{\sqrt{a^2+8}-a}{4} + \left(\dfrac{\sqrt{a^2+8}-a}{4}\right)^2 - 1$。

综上，$b \geq \ln\dfrac{\sqrt{a^2+8}-a}{4} + \left(\dfrac{\sqrt{a^2+8}-a}{4}\right)^2 - 1 \Leftrightarrow G(t)_{\max} \geq 0 \Leftrightarrow$ 命题（3）成立 $\Leftrightarrow$ 命题（2）成立 $\Leftrightarrow$ 命题（1）成立 $\Leftrightarrow$ 两条曲线 C_1 和 C_2 有公切线。

例二 已知抛物线 $C_1: y = -x^2 - \dfrac{1}{2}$ 和抛物线 $C_2: y = x^2 + 2ax$，其中 a 为实数。如果直线 l 同时是 C_1 和 C_2 的切线，那么称 l 是 C_1 和 C_2 的公切线。相应地，公切线上两个切点之间的线段成为公切线段。

（1）当 a 为何值时，C_1 和 C_2 有且仅有一条公切线？

（2）证明：若 C_1 和 C_2 有两条公切线，则这两条公切线段互相平分。

解：

（1）设 $P_1\left(x_1, -x_1^2 - \dfrac{1}{2}\right)$ 为 C_1 上的点，则经过该点的切线 l_1 的斜率为 $-2x_1$，而切线方程为 $y - \left(-x_1^2 - \dfrac{1}{2}\right) = -2x_1(x - x_1)$，即 $l_1: y = -2x_1 x + x_1^2 - \dfrac{1}{2}$。

设 $P_2\left(x_2, x_2^2 + 2ax_2\right)$ 为 C_2 上的点，则经过该点的切线 l_2 的斜率为 $2x_2 + 2a$，而切线方程为 $y - \left(x_2^2 + 2ax_2\right) = (2x_2 + 2a)(x - x_2)$，即 $l_2: y = 2(x_2 + a)x - x_2^2$。

于是，C_1 和 C_2 有且仅有一条公切线，当且仅当存在唯一的切点 $P_1 \in C$ 和唯一的切点 $P_2 \in C_2$，使得经过它们的切线 $l_1 = l_2$。

要使得 $l_1 = l_2$，只需

$$\begin{cases}-2x_1 = 2(x_2 + a) \\ x_1^2 - \dfrac{1}{2} = -x_2^2\end{cases} \Leftrightarrow \begin{cases}x_1 + x_2 = -a \\ x_1^2 + x_2^2 = \dfrac{1}{2}\end{cases} \Leftrightarrow \begin{cases}x_1 + x_2 = -a \\ x_1 x_2 = \dfrac{2a^2 - 1}{4}\end{cases}$$

此时 x_1 和 x_2 均为一元二次方程 $x^2 + ax + \dfrac{2a^2 - 1}{4} = 0$ 的根。

反之，若 x_1 和 x_2 均为一元二次方程 $x^2+ax+\dfrac{2a^2-1}{4}=0$ 的根，则 C_1 和 C_2 有经过切点 $P_1\left(x_1,-x_1^2-\dfrac{1}{2}\right)$ 和 $P_2\left(x_2,x_2^2+2ax_2\right)$ 的公切线，且 C_1 和 C_2 还有经过切点 $P_1'\left(x_2,-x_2^2-\dfrac{1}{2}\right)$ 和 $P_2'\left(x_1,x_1^2+2ax_1\right)$ 的公切线。

由上知，C_1 和 C_2 有且仅有一条公切线，当且仅当一元二次方程 $x^2+ax+\dfrac{2a^2-1}{4}=0$ 有重根。由于该方程的判别式 $\Delta=1-a^2$，因此 C_1 和 C_2 有且仅有一条公切线的充分必要条件是 $\Delta=0$，即 $a=\pm 1$。

（2）由（1）可知，当 $\Delta=1-a^2>0$ 即 $|a|<1$ 时，C_1 和 C_2 有两条公切线，一条切线上两个切点的坐标分别是 $P_1\left(x_1,-x_1^2-\dfrac{1}{2}\right)$ 和 $P_2\left(x_2,x_2^2+2ax_2\right)$，这里 x_1 和 x_2 为 $x^2+ax+\dfrac{2a^2-1}{4}=0$ 的相异两实根。于是公切线段 P_1P_2 的中点坐标为

$$\left(\dfrac{x_1+x_2}{2},\dfrac{-x_1^2-\dfrac{1}{2}+x_2^2+2ax_2}{2}\right)=\left(\dfrac{x_1+x_2}{2},\dfrac{2a(x_1+x_2)-1}{4}\right)=\left(-\dfrac{a}{2},-\dfrac{2a^2+1}{4}\right)$$

同理，公切线段 $P_1'P_2'$ 的中点坐标也是 $\left(-\dfrac{a}{2},-\dfrac{2a^2+1}{4}\right)$。

由此可见，两条公切线段的中点重合，也就是这两条公切线段互相平分。

3.7 求距离最小值试题

一、试题

例一 已知曲线 $C_1:y=\dfrac{3}{4}x^2$，曲线 $C_2:y=\ln x$。

（1）证明：曲线 C_1 和曲线 C_2 恰有两条公切线。

（2）设点 P 在曲线 C_1 上，点 Q 在曲线 C_2 上，求 $|PQ|$ 的最小值。

例二 已知圆 $C_1: x^2+y^2=1$，椭圆 $C_2: \dfrac{x^2}{9}+\dfrac{y^2}{4}=1$，抛物线 $C_3: y=x^2-\dfrac{9}{2}x+7$，直线 $l: y=-\dfrac{1}{2}x+\dfrac{11}{4}$。

（1）过椭圆 C_2 上一点 P，作圆 C_1 的切线 PA 和 PB，切点分别为 A 和 B。动直线 AB 是否与一个固定椭圆相切？如果是，请给出证明并求出固定椭圆；如果不是，请说明理由。

（2）设点 M 在抛物线 C_3 上，点 N 在椭圆 C_2 上，求 $|MN|$ 的最小值。

二、求距离最小值试题参考解答

例一 已知曲线 $C_1: y=\dfrac{3}{4}x^2$，曲线 $C_2: y=\ln x$。

（1）证明：曲线 C_1 和曲线 C_2 恰有两条公切线。

（2）设点 P 在曲线 C_1 上，点 Q 在曲线 C_2 上，求 $|PQ|$ 的最小值。

解：

（1）设 $P\left(x_1, \dfrac{3}{4}x_1^2\right)$ 为曲线 C_1 上的点，则经过该点的切线 l_1 的斜率为 $\dfrac{3x_1}{2}$，于是切线方程为 $y-\dfrac{3}{4}x_1^2=\dfrac{3x_1}{2}(x-x_1)$，即 $l_1: y=\dfrac{3x_1}{2}x-\dfrac{3}{4}x_1^2$。

设 $Q(x_2, \ln x_2)$ 为曲线 C_2 上的点，则经过该点的切线 l_2 的斜率为 $\dfrac{1}{x_2}$，于是切线方程为 $y-\ln x_2=\dfrac{1}{x_2}(x-x_2)$，即 $l_2: y=\dfrac{1}{x_2}x+\ln x_2-1$。

曲线 C_1 和曲线 C_2 有公切线，当且仅当存在切点 $P\in C_1$ 和切点 $Q\in C_2$，使得经过它们的切线 $l_1=l_2$。

要使得 $l_1=l_2$，只需 $\begin{cases}\dfrac{3x_1}{2}=\dfrac{1}{x_2}\\ -\dfrac{3}{4}x_1^2=\ln x_2-1\end{cases} \Leftrightarrow \begin{cases}x_1=\dfrac{2}{3x_2}\\ \dfrac{1}{x_2^2}-3\ln\dfrac{1}{x_2}-3=0\end{cases}$（★）

令 $t=\dfrac{1}{x_2}$，有 $t^2-3\ln t-3=0$。

令 $f(t)=t^2-3\ln t-3$，则 $f'(t)=2t-\dfrac{3}{t}$，$f''(t)=2+\dfrac{3}{t^2}>0$，$f'(t)$ 单调递增且有唯一零

点 $t = \sqrt{\dfrac{3}{2}}$，于是 $t = \sqrt{\dfrac{3}{2}}$ 为 $f(t)$ 最小值点，$f(t)_{\min} = f\left(\sqrt{\dfrac{3}{2}}\right) = -\dfrac{3}{2} - \dfrac{3}{2}\ln\dfrac{3}{2} < 0$。如表 3-9 所示。

表 3-9 函数取值变化

t	$\left(0, \sqrt{\dfrac{3}{2}}\right)$	$\sqrt{\dfrac{3}{2}}$	$\left(\sqrt{\dfrac{3}{2}}, +\infty\right)$
$f''(t)$	+	+	+
$f'(t)$	−	0	+
$f(t)$	+ → − 有唯一零点	−	− → + 有唯一零点

从表中可知，$f(t)$ 恰有两个零点，于是方程组（★）恰有两组解，因而曲线 C_1 和曲线 C_2 恰有两条公切线。

（2）设 $P\left(x_1, \dfrac{3}{4}x_1^2\right)$，$Q(x_2, \ln x_2)$，则 $|PQ| = \sqrt{(x_1 - x_2)^2 + \left(\dfrac{3}{4}x_1^2 - \ln x_2\right)^2}$。

令 $F(x_1, x_2) = (x_1 - x_2)^2 + \left(\dfrac{3}{4}x_1^2 - \ln x_2\right)^2$，则 $|PQ|$ 取最小值等价于 $F(x_1, x_2)$ 取最小值。当 $F(x_1, x_2)$ 取最小值时，有 $F'_{x_1} = F'_{x_2} = 0$，即

$$\begin{cases} 2(x_1 - x_2) + 3x_1\left(\dfrac{3}{4}x_1^2 - \ln x_2\right) = 0 \\ 2(x_1 - x_2) + \dfrac{2}{x_2}\left(\dfrac{3}{4}x_1^2 - \ln x_2\right) = 0 \end{cases}$$

下面分情况讨论：

①当 $x_1 = x_2$ 时，必有 $\dfrac{3}{4}x_1^2 - \ln x_2 = 0$。令 $t = x_1 = x_2$，研究函数 $g(t) = \dfrac{3}{4}t^2 - \ln t$，容易证明 $g(t)_{\min} = g\left(\sqrt{\dfrac{2}{3}}\right) = \dfrac{1}{2} - \dfrac{1}{2}\ln\dfrac{2}{3} > 0$，矛盾。

②当 $x_1 \neq x_2$ 时，必有 $\dfrac{3}{4}x_1^2 - \ln x_2 \neq 0$，从而 $3x_1 = \dfrac{2}{x_2}$，于是 $\dfrac{3x_1}{2} = \dfrac{1}{x_2}$，因此经过点 P 的切线 l_1 与经过点 Q 的切线 l_2 平行［参见（1）］。

由 $2(x_1-x_2)+3x_1\left(\dfrac{3}{4}x_1^2-\ln x_2\right)=0$，得 $\dfrac{\dfrac{3}{4}x_1^2-\ln x_2}{x_1-x_2}=-\dfrac{2}{3x_1}$，于是直线 $PQ \perp l_1$。

又直线 PQ 的方程是 $y-\dfrac{3}{4}x_1^2=-\dfrac{2}{3x_1}(x-x_1)$，即 $y=-\dfrac{2}{3x_1}x+\dfrac{3}{4}x_1^2+\dfrac{2}{3}$，与曲线 $C_2: y=\ln x$ 交于点 $Q(x_2, \ln x_2)$，有 $\ln x_2=-\dfrac{2}{3x_1}x_2+\dfrac{3}{4}x_1^2+\dfrac{2}{3}$。

由 $3x_1=\dfrac{2}{x_2}$，得 $x_2=\dfrac{2}{3x_1}$，代入 $\ln x_2=-\dfrac{2}{3x_1}x_2+\dfrac{3}{4}x_1^2+\dfrac{2}{3}$，有

$$\left(\dfrac{2}{3x_1}\right)^2-\dfrac{1}{3}\left(\dfrac{3x_1}{2}\right)^2+\dfrac{1}{2}\ln\left(\dfrac{2}{3x_1}\right)^2-\dfrac{2}{3}=0$$

令 $t=\left(\dfrac{2}{3x_1}\right)^2$，研究函数 $h(t)=t-\dfrac{1}{3t}+\dfrac{1}{2}\ln t-\dfrac{2}{3}$，则 $h'(t)=1+\dfrac{1}{3t^2}+\dfrac{1}{2t}>0$，于是 $h(t)$ 单调递增。

又 $h(1)=0$，故 $h(t)$ 有唯一零点 $t=1$，于是 $\dfrac{2}{3x_1}=1$，从而 $x_1=\dfrac{2}{3}$，$x_2=1$。

故 $|PQ|$ 取最小值时，$P\left(\dfrac{2}{3},\dfrac{1}{3}\right)$，$Q(1,0)$，此时 $|PQ|=\dfrac{\sqrt{2}}{3}$。

（3）下面补充证明 $|PQ|$ 一定有最小值，证明思路源自（2）。

过两点 $P_0\left(\dfrac{2}{3},\dfrac{1}{3}\right)$ 和 $Q_0(1,0)$ 的中点 $\left(\dfrac{5}{6},\dfrac{1}{6}\right)$，作斜率为 1 的直线 $l: y=x-\dfrac{2}{3}$。易证：

①曲线 C_1 上的点 $P_0\left(\dfrac{2}{3},\dfrac{1}{3}\right)$ 到直线 l 的距离最小，为 $\dfrac{\sqrt{2}}{6}$；

②曲线 C_2 上的点 $Q_0(1,0)$ 到直线 l 的距离最小，为 $\dfrac{\sqrt{2}}{6}$；

③ $\dfrac{3}{4}x^2>x-\dfrac{2}{3}>\ln x$；

④直线 l 为线段 P_0Q_0 的垂直平分线，$|P_0Q_0|=\dfrac{\sqrt{2}}{3}$；

⑤ $|PQ|\geq|P_0Q_0|$ 显然。

例二 已知圆 $C_1: x^2+y^2=1$，椭圆 $C_2:\dfrac{x^2}{9}+\dfrac{y^2}{4}=1$，抛物线 $C_3: y=x^2-\dfrac{9}{2}x+7$，直线

$l: y = -\dfrac{1}{2}x + \dfrac{11}{4}$。

（1）过椭圆 C_2 上一点 P，作圆 C_1 的切线 PA 和 PB，切点分别为 A 和 B。动直线 AB 是否与一个固定椭圆相切？如果是，请给出证明并求出固定椭圆；如果不是，请说明理由。

（2）设点 M 在抛物线 C_3 上，点 N 在椭圆 C_2 上，求 $|MN|$ 的最小值。

解：

（1）设 $P(x_0, y_0)$ 为曲线 C_2 上的点，$A(x_1, y_1)$ 和 $B(x_2, y_2)$ 为圆 C_1 上的切点，切线 PA 的方程为 $x_1 x + y_1 y = 1$，切线 PB 的方程为 $x_2 x + y_2 y = 1$。因 $P(x_0, y_0)$ 在切线 PA 和 PB 上，故 $x_1 x_0 + y_1 y_0 = 1$，$x_2 x_0 + y_2 y_0 = 1$，动直线 AB 的方程是 $x_0 x + y_0 y = 1$。

重设 $P(3\cos\theta, 2\sin\theta)$，则动直线 AB 的方程是 $(3\cos\theta)x + (2\sin\theta)y = 1$。

令 $Q\left(\dfrac{1}{3}\cos\theta, \dfrac{1}{2}\sin\theta\right)$，则动点 Q 在动直线 AB 上。

显然，动点 Q 的轨迹是椭圆 $9x^2 + 4y^2 = 1$。

我们断言：动直线 AB 与椭圆 $9x^2 + 4y^2 = 1$ 相切。

在椭圆 $9x^2 + 4y^2 = 1$ 上任取一点 $Q\left(\dfrac{1}{3}\cos\theta, \dfrac{1}{2}\sin\theta\right)$，过点 Q 作椭圆的切线，则切线的方程为 $(3\cos\theta)x + (2\sin\theta)y = 1$，这恰是动直线 AB 的方程。

综上，动直线 AB 与椭圆 $9x^2 + 4y^2 = 1$ 相切。

（2）注意到当 $x \in [-3, 3]$ 时，$x^2 - \dfrac{9}{2}x + 7 > -\dfrac{1}{2}x + \dfrac{11}{4} > 2\sqrt{1 - \dfrac{x^2}{9}}$，即直线 l 在抛物线 C_3 椭圆 C_2 之间，有

①抛物线 C_3 上的点 $M_0(2, 2)$ 到直线 l 的距离最小，为 $\dfrac{\sqrt{5}}{10}$；

②椭圆 C_2 上的点 $N_0\left(\dfrac{9}{5}, \dfrac{8}{5}\right)$ 到直线 l 的距离最小，为 $\dfrac{\sqrt{5}}{10}$；

③直线 l 为线段 $M_0 N_0$ 的垂直平分线，$|M_0 N_0| = \dfrac{\sqrt{5}}{5}$；

④$|MN| \geq |M_0 N_0|$ 显然。

3.8 求最值函数值域试题

一、试题

例一 （1）讨论函数 $f(x)=\dfrac{x-2}{x+2}e^x$ 的单调性，并证明当 $x>0$ 时，$(x-2)e^x+x+2>0$；

（2）证明：当 $a\in[0,1)$ 时，函数 $g(x)=\dfrac{e^x-ax-a}{x^2}(x>0)$ 有最小值。设 $g(x)$ 的最小值为 $h(a)$，求函数 $h(a)$ 的值域。

例二 （1）讨论函数 $f(x)=\dfrac{2-x}{2x}\ln(x+1)$ 的单调性；

（2）证明：当 $a\in(0,1)$ 时，函数 $g(x)=(5+4x-x^2)\ln(x+1)+\left(\dfrac{1}{2}-2a\right)x^2-5x(x>0)$ 有最大值。设 $g(x)$ 的最大值为 $h(a)$，求函数 $h(a)$ 的值域。

二、求最值函数值域试题参考解答

例一 （1）讨论函数 $f(x)=\dfrac{x-2}{x+2}e^x$ 的单调性，并证明当 $x>0$ 时，$(x-2)e^x+x+2>0$；

（2）证明：当 $a\in[0,1)$ 时，函数 $g(x)=\dfrac{e^x-ax-a}{x^2}(x>0)$ 有最小值。设 $g(x)$ 的最小值为 $h(a)$，求函数 $h(a)$ 的值域。

解：

（1）$f(x)$ 的定义域为 $(-\infty,-2)\cup(-2,+\infty)$，$f'(x)=\dfrac{x^2 e^x}{(x+2)^2}\geq 0$，当且仅当 $x=0$ 时 $f'(x)=0$，故 $f(x)$ 在区间 $(-\infty,-2)$、$(-2,+\infty)$ 单调递增。

当 $x\in(0,+\infty)$ 时，$f(x)>f(0)=-1$，即 $\dfrac{x-2}{x+2}e^x>-1$，故 $(x-2)e^x+x+2>0$。

（2）$g'(x)=\dfrac{x+2}{x^3}[f(x)+a]$，由（1）知 $f(x)+a$ 单调递增。

对任意 $a\in[0,1)$，$f(0)+a=a-1<0$，$f(2)+a=a>0$，存在唯一的 $x_a\in(0,2)$，使得 $f(x_a)+a=0$ 即 $g'(x_a)=0$。

当 $0<x<x_a$ 时，$f(x)+a<0$，$g'(x)<0$，$g(x)$ 单调递减；

当 $x > x_a$ 时，$f(x)+a > 0$，$g'(x) > 0$，$g(x)$ 单调递增。

因此 $g(x)$ 在 $x = x_a$ 处取得最小值，最小值为

$$g(x_a) = \frac{e^{x_a} - a(x_a+1)}{x_a^2} = \frac{e^{x_a} - f(x_a)(x_a+1)}{x_a^2} = \frac{e^{x_a}}{x_a+2}$$

于是 $h(a) = \dfrac{e^{x_a}}{x_a+2}$。

由 $\left(\dfrac{e^x}{x+2}\right)' = \dfrac{(x+1)e^x}{(x+2)^2} > 0$，知 $\dfrac{e^x}{x+2}$ 单调递增，有 $\dfrac{e^x}{x+2} \in \left(\dfrac{1}{2}, \dfrac{e^2}{4}\right]$。

因 $\dfrac{e^x}{x+2}$ 单调递增，对任意 $\lambda \in \left(\dfrac{1}{2}, \dfrac{e^2}{4}\right]$，存在唯一的 $x_a \in (0, 2]$，$a = -f(x_a) \in [0, 1)$，使得 $h(a) = \lambda$。故 $h(a)$ 的值域是 $\left(\dfrac{1}{2}, \dfrac{e^2}{4}\right]$。

综上，当 $a \in [0, 1)$ 时，$g(x)$ 有最小值 $h(a)$，函数 $h(a)$ 的值域是 $\left(\dfrac{1}{2}, \dfrac{e^2}{4}\right]$。

例二 （1）讨论函数 $f(x) = \dfrac{2-x}{2x}\ln(x+1)$ 的单调性；

（2）证明：当 $a \in (0, 1)$ 时，函数 $g(x) = (5+4x-x^2)\ln(x+1) + \left(\dfrac{1}{2} - 2a\right)x^2 - 5x$ $(x > 0)$ 有最大值。设 $g(x)$ 的最大值为 $h(a)$，求函数 $h(a)$ 的值域。

解：

（1）$f(x)$ 的定义域为 $(-1, 0) \cup (0, +\infty)$，$f'(x) = \dfrac{2x - 2(x+1)\ln(x+1) - x^2}{2x^2(x+1)}$。

令 $g(x) = 2x - 2(x+1)\ln(x+1) - x^2$，则 $g'(x) = -2[x + \ln(x+1)]$。

当 $x \in (-1, 0)$ 时，$g'(x) > 0$，$g(x) < g(0) = 0$，$f'(x) < 0$，$f(x)$ 单调递减，值域为 $(1, +\infty)$；

当 $x \in (0, +\infty)$ 时，$g'(x) < 0$，$g(x) < g(0) = 0$，$f'(x) < 0$，$f(x)$ 单调递减，值域为 $(-\infty, 1)$。

故 $f(x)$ 在区间 $(-1, 0)$、$(0, +\infty)$ 单调递减。

（2）$g'(x) = 4x\left[\dfrac{2-x}{2x}\ln(x+1) - a\right] = 4x[f(x)-a]$，由（1）知 $f(x)-a$ 在区间 $(0,+\infty)$ 内单调递减。

令 $g'(x) = 0$，得 $f(x) = a \in (0,1)$，由(1)知 $x \in (0,2)$。

反之，对任意 $a \in (0,1)$，存在唯一的 $x_a \in (0,2)$，使得 $f(x_a) = a$，此时 $g'(x_a) = 0$。

综上，对任意 $a \in (0,1)$，总存在唯一的 $x_a \in (0,2)$，使得 $f(x_a) = a$，进而有 $g'(x_a) = 0$。

当 $0 < x < x_a$ 时，$f(x)-a > 0$，$g'(x) > 0$，$g(x)$ 单调递增；

当 $x > x_a$ 时，$f(x)-a < 0$，$g'(x) < 0$，$g(x)$ 单调递减。

因此 $g(x)$ 在 $x = x_a$ 处取得最大值。把 $a = f(x_a)$ 代入 $g(x_a)$，有

$$h(a) = g(x_a) = \dfrac{1}{2}x_a^2 - 5x_a + (2x_a + 5)\ln(x_a + 1)$$

令 $H(x) = \dfrac{1}{2}x^2 - 5x + (2x+5)\ln(x+1)$，$x \in (0,2)$。

有 $H'(x) = x - 3 + 2\ln(x+1) + \dfrac{3}{x+1}$，$H''(x) = 1 + \dfrac{2}{x+1} - \dfrac{3}{(x+1)^2} = \dfrac{x^2 + 4x}{(x+1)^2} > 0$，于是 $H'(x)$ 单调递增，$H'(x) > H'(0) = 0$，从而 $H(x)$ 单调递增，$H(x) \in (0, 9\ln 3 - 8)$。

总之，当 $a \in (0,1)$ 时，函数 $g(x)$ 有最大值 $h(a)$，函数 $h(a)$ 的值域是 $(0, 9\ln 3 - 8)$。

3.9 求近似值常用方法

一、试题

求近似值常用方法：利用迭代法；利用连分数；利用拉格朗日中值定理；利用函数的泰勒展式；引进参数构造新函数，利用参数取值范围控制新函数的单调性，进而控制近似值范围。

例一 2014 年全国高考理科数学压轴题

已知函数 $f(x) = e^x - e^{-x} - 2x$。

（1）讨论 $f(x)$ 的单调性；

（2）设 $g(x) = f(2x) - 4bf(x)$，当 $x > 0$ 时，$g(x) > 0$，求 b 的最大值；

（3）已知 $1.4142 < \sqrt{2} < 1.4143$，估计 $\ln 2$ 的近似值（精确到 0.001）。

变式训练一：

已知函数 $f(x) = e^x - e^{-x} - 2x$。

（1）讨论 $f(x)$ 的单调性；

（2）设 $g(x) = f(2x) - 4bf(x)$，当 $x > 0$ 时，$g(x) > 0$，求 b 的最大值；

（3）估计 ln2 的近似值（精确到 0.01）。

变式训练二：

已知函数 $f(x) = e^x - e^{-x} - 2x$。

（1）讨论 $f(x)$ 的单调性；

（2）设 $g(x) = f(2x) - 4bf(x)$，当 $x > 0$ 时，$g(x) > 0$，求 b 的最大值；

（3）已知 $1.732 < \sqrt{3} < 1.733$，估计 ln3 的近似值（精确到 0.01）。

变式训练三：

已知函数 $f(x) = e^x - e^{-x} - 2x$。

（1）讨论 $f(x)$ 的单调性；

（2）设 $g(x) = f(3x) - 9bf(x)$，当 $x > 0$ 时，$g(x) > 0$，求 b 的最大值。

例二　成都市 2014 级高中毕业班第一次诊断性检测 21 题

已知函数 $f(x) = x\ln(x+1) + \left(\dfrac{1}{2} - a\right)x + 2 - a$，$a \in \mathbb{R}$。

（1）当 $x > 0$ 时，求函数 $g(x) = f(x) + \ln(x+1) + \dfrac{1}{2}x$ 的单调区间；

（2）当 $a \in \mathbb{Z}$ 时，若存在 $x \geq 0$，使不等式 $f(x) < 0$ 成立，求 a 的最小值。

变式训练一：

已知函数 $f(x) = x\ln(x+1) + \left(\dfrac{1}{2} - a\right)x + 2 - a$，$a \in \mathbb{R}$。

（1）当 $x > 0$ 时，求函数 $g(x) = f(x) + \ln(x+1) + \dfrac{1}{2}x$ 的单调区间；

（2）当 $a^2 \in \mathbb{N}$ 时，若存在 $x \geq 0$，使不等式 $f(x) < 0$ 成立，求 a 的最小值。

变式训练二：

已知函数 $f(x) = x\ln(x+1) - (4+a)x - (1+a)$，$a \in \mathbb{R}$。

（1）当 $x>0$ 时，求函数 $g(x)=f(x)+\ln(x+1)+x$ 的单调区间；

（2）当 $4a\in\mathbb{Z}$ 时，若存在 $x\geqslant 0$，使不等式 $f(x)<0$ 成立，求 a 的最小值。

二、求近似值常用方法参考解答

例一 2014年全国高考理科数学压轴题

已知函数 $f(x)=e^x-e^{-x}-2x$。

（1）讨论 $f(x)$ 的单调性；

（2）设 $g(x)=f(2x)-4bf(x)$，当 $x>0$ 时，$g(x)>0$，求 b 的最大值；

（3）已知 $1.4142<\sqrt{2}<1.4143$，估计 $\ln 2$ 的近似值（精确到0.001）。

解：

（1）$f'(x)=e^x+e^{-x}-2\geqslant 0$，等号仅当 $x=0$ 时成立。

所以 $f(x)$ 在 $(-\infty,+\infty)$ 单调递增。

（2）$g(x)=f(2x)-4bf(x)=e^{2x}-e^{-2x}-4b(e^x-e^{-x})+(8b-4)x$，

$g'(x)=2\left[e^{2x}+e^{-2x}-2b(e^x+e^{-x})+(4b-2)\right]=2(e^x+e^{-x}-2)(e^x+e^{-x}-2b+2)$。

①当 $b\leqslant 2$ 时，$g'(x)\geqslant 0$，等号仅当 $x=0$ 时成立，所以 $g(x)$ 在 $(-\infty,+\infty)$ 单调递增。而 $g(0)=0$，所以对任意 $x>0, g(x)>0$。

②当 $b>2$ 时，若 x 满足 $2<e^x+e^{-x}<2b-2$，即 $0<x<\ln(b-1+\sqrt{b^2-2b})$ 时，$g'(x)<0$。而 $g(0)=0$，因此当 $0<x\leqslant\ln(b-1+\sqrt{b^2-2b})$ 时，$g(x)<0$，不满足题意。

综上，b 的最大值为2。

（3）由（2）知，$g(\ln\sqrt{2})=\dfrac{3}{2}-2\sqrt{2}b+2(2b-1)\ln 2$。

当 $b=2$ 时，$g(\ln\sqrt{2})=\dfrac{3}{2}-4\sqrt{2}+6\ln 2>0$，$\ln 2>\dfrac{8\sqrt{2}-3}{12}>0.6928$；

当 $b=\dfrac{3\sqrt{2}}{4}+1$ 时，$\ln(b-1+\sqrt{b^2-2b})=\ln\sqrt{2}$，

$g(\ln\sqrt{2})=-\dfrac{3}{2}-2\sqrt{2}+(3\sqrt{2}+2)\ln 2<0$，$\ln 2<\dfrac{18+\sqrt{2}}{28}<0.6934$。

所以 $\ln 2$ 的近似值为0.693。

变式训练一：

已知函数 $f(x) = e^x - e^{-x} - 2x$。

（1）讨论 $f(x)$ 的单调性；

（2）设 $g(x) = f(2x) - 4bf(x)$，当 $x > 0$ 时，$g(x) > 0$，求 b 的最大值；

（3）估计 ln2 的近似值（精确到 0.01）。

解：

（1）$f'(x) = e^x + e^{-x} - 2 \geq 0$，等号仅当 $x = 0$ 时成立。

所以 $f(x)$ 在 $(-\infty, +\infty)$ 单调递增。

（2）$g(x) = f(2x) - 4bf(x) = e^{2x} - e^{-2x} - 4b(e^x - e^{-x}) + (8b - 4)x$，

$g'(x) = 2\left[e^{2x} + e^{-2x} - 2b(e^x + e^{-x}) + (4b - 2)\right] = 2(e^x + e^{-x} - 2)(e^x + e^{-x} - 2b + 2)$。

①当 $b \leq 2$ 时，$g'(x) \geq 0$，等号仅当 $x = 0$ 时成立，所以 $g(x)$ 在 $(-\infty, +\infty)$ 单调递增。而 $g(0) = 0$，所以对任意 $x > 0, g(x) > 0$。

②当 $b > 2$ 时，若 x 满足 $2 < e^x + e^{-x} < 2b - 2$，即 $0 < x < \ln(b - 1 + \sqrt{b^2 - 2b})$ 时，$g'(x) < 0$。而 $g(0) = 0$，因此当 $0 < x \leq \ln(b - 1 + \sqrt{b^2 - 2b})$ 时，$g(x) < 0$，不满足题意。

综上，b 的最大值为 2。

（3）由（2）知，$g(\ln 2) = \dfrac{15}{4} - 6b + (8b - 4)\ln 2$。

当 $b = 2$ 时，$g(\ln 2) = -\dfrac{33}{4} + 12\ln 2 > 0$，$\ln 2 > \dfrac{11}{16} > 0.687$；

当 $b = \dfrac{9}{4}$ 时，$\ln(b - 1 + \sqrt{b^2 - 2b}) = \ln 2$，$g(\ln 2) = -\dfrac{39}{4} + 14\ln 2 < 0$，$\ln 2 < \dfrac{39}{56} < 0.697$。

所以 ln 2 的近似值为 0.69。

变式训练二：

已知函数 $f(x) = e^x - e^{-x} - 2x$。

（1）讨论 $f(x)$ 的单调性；

（2）设 $g(x) = f(2x) - 4bf(x)$，当 $x > 0$ 时，$g(x) > 0$，求 b 的最大值；

（3）已知 $1.732 < \sqrt{3} < 1.733$，估计 ln3 的近似值（精确到 0.01）。

解:

（1） $f'(x) = e^x + e^{-x} - 2 \geq 0$，等号仅当 $x = 0$ 时成立。

所以 $f(x)$ 在 $(-\infty, +\infty)$ 单调递增。

（2） $g(x) = f(2x) - 4bf(x) = e^{2x} - e^{-2x} - 4b(e^x - e^{-x}) + (8b-4)x$，

$g'(x) = 2\left[e^{2x} + e^{-2x} - 2b(e^x + e^{-x}) + (4b-2)\right] = 2(e^x + e^{-x} - 2)(e^x + e^{-x} - 2b + 2)$。

①当 $b \leq 2$ 时， $g'(x) \geq 0$，等号仅当 $x = 0$ 时成立，所以 $g(x)$ 在 $(-\infty, +\infty)$ 单调递增。而 $g(0) = 0$，所以对任意 $x > 0, g(x) > 0$。

②当 $b > 2$ 时，若 x 满足 $2 < e^x + e^{-x} < 2b - 2$，即 $0 < x < \ln(b-1+\sqrt{b^2-2b})$ 时，

$g'(x) < 0$。而 $g(0) = 0$，因此当 $0 < x \leq \ln(b-1+\sqrt{b^2-2b})$ 时， $g(x) < 0$，不满足题意。

综上， b 的最大值为 2。

（3）由（2）知， $g(\ln\sqrt{3}) = \dfrac{8 - 8\sqrt{3}b}{3} + (4b-2)\ln 3$。

当 $b = 2$ 时， $g(\ln\sqrt{3}) = \dfrac{8 - 16\sqrt{3}}{3} + 6\ln 3 > 0$， $\ln 3 > \dfrac{8\sqrt{3}-4}{9} > 1.095$。

当 $b = \dfrac{2}{\sqrt{3}} + 1$ 时， $\ln(b-1+\sqrt{b^2-2b}) = \ln\sqrt{3}$，

$g(\ln\sqrt{3}) = -\dfrac{8+8\sqrt{3}}{3} + \dfrac{6+8\sqrt{3}}{3}\ln 3 < 0$， $\ln 3 < \dfrac{36+4\sqrt{3}}{39} < 1.101$。

所以 $\ln 3$ 的近似值为 1.10。

变式训练三：

已知函数 $f(x) = e^x - e^{-x} - 2x$。

（1）讨论 $f(x)$ 的单调性；

（2）设 $g(x) = f(3x) - 9bf(x)$，当 $x > 0$ 时， $g(x) > 0$，求 b 的最大值。

解:

（1） $f'(x) = e^x + e^{-x} - 2 \geq 0$，等号仅当 $x = 0$ 时成立。

所以 $f(x)$ 在 $(-\infty, +\infty)$ 单调递增。

（2） $g(x) = f(3x) - 9bf(x) = e^{3x} - e^{-3x} - 9b(e^x - e^{-x}) + (18b-6)x$，

$$g'(x) = 3\left[e^{3x} + e^{-3x} - 3b(e^x + e^{-x}) + 6b - 2\right] = 3(e^x + e^{-x} - 2)\left[(e^x + e^{-x} + 1)^2 - 3b\right]。$$

①当 $b \leqslant 3$ 时，$g'(x) \geqslant 0$，等号仅当 $x = 0$ 时成立，所以 $g(x)$ 在 $(-\infty, +\infty)$ 单调递增。而 $g(0) = 0$，所以对任意 $x > 0, g(x) > 0$。

②当 $b > 3$ 时，若 x 满足 $2 < e^x + e^{-x} < \sqrt{3b} - 1$，即 $0 < x < \ln\dfrac{\sqrt{3b} - 1 + \sqrt{3b - 3 - 2\sqrt{3b}}}{2}$ 时，$g'(x) < 0$。而 $g(0) = 0$，因此当 $0 < x < \ln\dfrac{\sqrt{3b} - 1 + \sqrt{3b - 3 - 2\sqrt{3b}}}{2}$ 时，$g(x) < 0$，不满足题意。

综上，b 的最大值为 3。

例二　成都市 2014 级高中毕业班第一次诊断性检测第 21 题

已知函数 $f(x) = x\ln(x+1) + \left(\dfrac{1}{2} - a\right)x + 2 - a$，$a \in \mathbb{R}$。

（1）当 $x > 0$ 时，求函数 $g(x) = f(x) + \ln(x+1) + \dfrac{1}{2}x$ 的单调区间；

（2）当 $a \in \mathbb{Z}$ 时，若存在 $x \geqslant 0$，使不等式 $f(x) < 0$ 成立，求 a 的最小值。

下面仅讨论第二小题。

由 $f(x) < 0$，得 $(x+1)a > x\ln(x+1) + \dfrac{1}{2}x + 2$。

当 $x \geqslant 0$ 时，上式等价于 $a > \dfrac{x\ln(x+1) + \dfrac{1}{2}x + 2}{x+1}$。

令 $h(x) = \dfrac{x\ln(x+1) + \dfrac{1}{2}x + 2}{x+1}$，$x \geqslant 0$。

据题意，存在 $x \geqslant 0$，使不等式 $f(x) < 0$ 成立，只需 $a > h(x)_{\min}$。

容易计算，$h'(x) = \dfrac{x + \ln(x+1) - \dfrac{3}{2}}{(x+1)^2}$。

令 $u(x) = x + \ln(x+1) - \dfrac{3}{2}$，则 $u(x)$ 在 $[0, +\infty)$ 上单调递增。

又 $u(0) = -\dfrac{3}{2} < 0$，$u(1) = \ln 2 - \dfrac{1}{2} > 0$，故存在 $x_0 \in (0,1)$，使得 $u(x_0) = 0$，即 $\ln(x_0+1) = \dfrac{3}{2} - x_0$。

容易看出，$h(x)_{\min} = h(x_0) = \dfrac{x_0 \ln(x_0+1) + \dfrac{1}{2}x_0 + 2}{x_0+1} = \dfrac{-x_0^2 + 2x_0 + 2}{x_0+1}$，$x_0 \in (0,1)$。

令 $v(t) = \dfrac{-t^2 + 2t + 2}{t+1}$，$t \in (0,1)$，则 $v(t)$ 在 $(0,1)$ 内单调递减，于是 $v(t) \in \left(\dfrac{3}{2}, 2\right)$，即 $h(x)_{\min} \in \left(\dfrac{3}{2}, 2\right)$。

又 $a \in \mathbb{Z}$，$a > h(x)_{\min}$，故 $a \geq 2$，a 的最小值为 2。

变式训练一：

已知函数 $f(x) = x\ln(x+1) + \left(\dfrac{1}{2} - a\right)x + 2 - a$，$a \in \mathbb{R}$。

（1）当 $x > 0$ 时，求函数 $g(x) = f(x) + \ln(x+1) + \dfrac{1}{2}x$ 的单调区间；

（2）当 $a^2 \in \mathbb{N}$ 时，若存在 $x \geq 0$，使不等式 $f(x) < 0$ 成立，求 a 的最小值。

下面仅讨论第二小题。

由 $f(x) < 0$，得 $(x+1)a > x\ln(x+1) + \dfrac{1}{2}x + 2$。

当 $x \geq 0$ 时，上式等价于 $a > \dfrac{x\ln(x+1) + \dfrac{1}{2}x + 2}{x+1}$。

令 $h(x) = \dfrac{x\ln(x+1) + \dfrac{1}{2}x + 2}{x+1}$，$x \geq 0$。

据题意，存在 $x \geq 0$，使不等式 $f(x) < 0$ 成立，只需 $a > h(x)_{\min}$。

容易计算，$h'(x) = \dfrac{x + \ln(x+1) - \dfrac{3}{2}}{(x+1)^2}$。

令 $u(x) = x + \ln(x+1) - \dfrac{3}{2}$，则 $u(x)$ 在 $[0, +\infty)$ 上单调递增。

当 $x>0$ 时，有 $\ln(x+1)<x$，于是 $u\left(\dfrac{3}{4}\right)<\dfrac{3}{4}+\dfrac{3}{4}-\dfrac{3}{2}=0$。

又 $u(1)=\ln 2-\dfrac{1}{2}>0$，故存在 $x_0\in\left(\dfrac{3}{4},1\right)$，使得 $u(x_0)=0$，即 $\ln(x_0+1)=\dfrac{3}{2}-x_0$。

容易看出，$h(x)_{\min}=h(x_0)=\dfrac{x_0\ln(x_0+1)+\dfrac{1}{2}x_0+2}{x_0+1}=\dfrac{-x_0^2+2x_0+2}{x_0+1}$，$x_0\in\left(\dfrac{3}{4},1\right)$。

令 $v(t)=\dfrac{-t^2+2t+2}{t+1}$，$t\in\left(\dfrac{3}{4},1\right)$，则 $v(t)$ 在 $\left(\dfrac{3}{4},1\right)$ 内单调递减，于是 $v(t)\in\left(\dfrac{3}{2},\dfrac{47}{28}\right)$，即 $h(x)_{\min}\in\left(\dfrac{3}{2},\dfrac{47}{28}\right)$。

又 $a^2\in\mathbb{N}$，$a>h(x)_{\min}$，$\sqrt{3}>\dfrac{47}{28}$，故 $a\geqslant\sqrt{3}$，a 的最小值为 $\sqrt{3}$。

变式训练二：

已知函数 $f(x)=x\ln(x+1)-(4+a)x-(1+a)$，$a\in\mathbb{R}$。

（1）当 $x>0$ 时，求函数 $g(x)=f(x)+\ln(x+1)+x$ 的单调区间；

（2）当 $4a\in\mathbb{Z}$ 时，若存在 $x\geqslant 0$，使不等式 $f(x)<0$ 成立，求 a 的最小值。

下面仅讨论第二小题。

由 $f(x)<0$，得 $(x+1)a>x\ln(x+1)-4x-1$。

当 $x\geqslant 0$ 时，上式等价于 $a>\dfrac{x\ln(x+1)-4x-1}{x+1}$。

令 $h(x)=\dfrac{x\ln(x+1)-4x-1}{x+1}$，$x\geqslant 0$。

据题意，存在 $x\geqslant 0$，使不等式 $f(x)<0$ 成立，只需 $a>h(x)_{\min}$。

容易计算，$h'(x)=\dfrac{x+\ln(x+1)-3}{(x+1)^2}$。

令 $u(x)=x+\ln(x+1)-3$，则 $u(x)$ 在 $[0,+\infty)$ 上单调递增，$u(2)=\ln 3-1>0$。

当 $x>0$ 时，有 $\ln(x+1)<x$。

$u(1.92)=1.92+\ln 2.92-3=\ln\dfrac{2.92}{\mathrm{e}}-0.08<\ln(1+0.08)-0.08<0$。

由上，存在 $x_0 \in (1.92, 2)$，使得 $u(x_0)=0$，即 $\ln(x_0+1)=3-x_0$。

容易看出，$h(x)_{\min} = h(x_0) = \dfrac{x_0 \ln(x_0+1) - 4x_0 - 1}{x_0+1} = -\dfrac{x_0^2 + x_0 + 1}{x_0+1}$，$x_0 \in (1.92, 2)$。

令 $v(t) = -\dfrac{t^2+t+1}{t+1}$，$t \in (1.92, 2)$，则 $v(t)$ 在 $(1.92, 2)$ 内单调递减。

容易计算，$v(t) \in \left(-2\dfrac{1}{3}, -2\dfrac{1}{4}\right)$，即 $h(x)_{\min} \in \left(-2\dfrac{1}{3}, -2\dfrac{1}{4}\right)$。

又 $4a \in \mathbb{Z}$，$a > h(x)_{\min}$，故 $a \geqslant -2\dfrac{1}{4}$，$a$ 的最小值为 $-2\dfrac{1}{4}$。

4

模拟压轴题

4.1 高考真题、强基试题与冲刺练习比较

2018 年全国三卷理科数学第 21 题：

已知函数 $f(x)=\left(2+x+ax^2\right)\ln(1+x)-2x$。

（1）若 $a=0$，证明：当 $-1<x<0$ 时，$f(x)<0$；当 $x>0$ 时，$f(x)>0$；

（2）若 $x=0$ 是 $f(x)$ 的极大值点，求 a。

2018 年资中二中考前冲刺练习题：

若 $\left(ax^2+6x+12\right)\ln(x+1)-12x \leqslant 0$ 恒成立，求 a 的取值范围。

2019 年全国三卷文科数学第 21 题：

已知曲线 $C: y=\dfrac{x^2}{2}$，D 为直线 $y=-\dfrac{1}{2}$ 上的动点，过 D 作 C 的两条切线，切点分别为 A 和 B。

（1）直线 AB 过定点；

（2）若以 $E\left(0,\dfrac{5}{2}\right)$ 为圆心的圆与直线 AB 相切，且切点为线段 AB 的中点，求该圆的方程。

2019 年全国三卷理科数学第 21 题：

已知曲线 $C: y=\dfrac{x^2}{2}$，D 为直线 $y=-\dfrac{1}{2}$ 上的动点，过 D 作 C 的两条切线，切点分别为 A 和 B。

（1）直线 AB 过定点；

（2）若以 $E\left(0,\dfrac{5}{2}\right)$ 为圆心的圆与直线 AB 相切，且切点为线段 AB 的中点，求四边形 $ADBE$ 的面积。

2019 年资中二中考前冲刺练习题：

已知抛物线 $C: y^2=4x$。过动点 $P(-1,b)$，作抛物线的两条切线 PA 和 PB，切点分别为 A 和 B。

（1）证明：$PA \perp PB$；

（2）动直线 AB 是否过定点？如果是，请给出证明并求出定点；如果不是，请说明理由。

2020 年北京大学强基计划测试题：

已知椭圆 $\dfrac{x^2}{2}+y^2=1$ 和圆 $x^2+y^2=4$。从圆上一点作椭圆的切点弦，求切点弦围成的面

积(见图 4-1)。

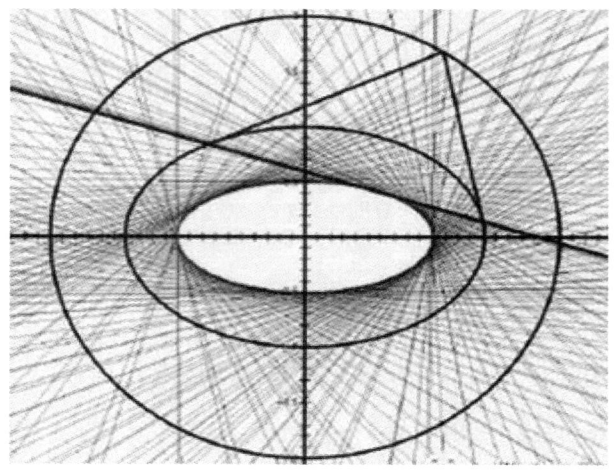

图 4-1 北京大学强基计划题图示

2020 年资中二中考前冲刺练习题：

已知椭圆 $E: \dfrac{x^2}{3}+\dfrac{y^2}{2}=1$ 和圆 $C: x^2+y^2=5$。过圆上一点 P，作椭圆的两条切线 PA 和 PB，切点分别为 A 和 B（见图 4-2）。

（1）证明：$PA \perp PB$；

（2）动直线 AB 是否与一个固定椭圆相切？如果是，请给出证明并求出固定椭圆；如果不是，请说明理由。

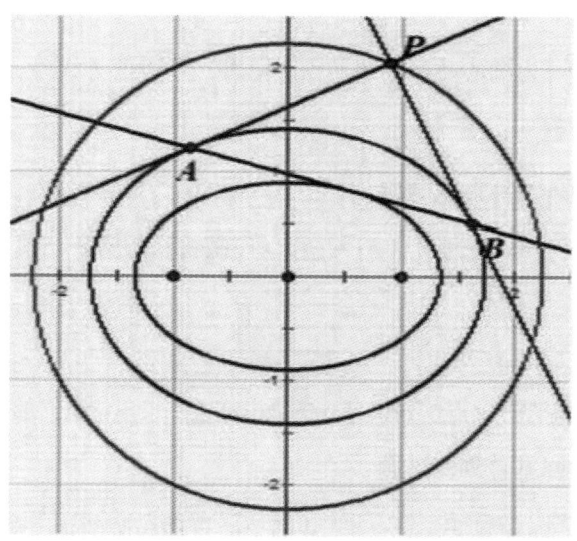

图 4-2 资中二中考前冲刺题图示

2021 年全国新高考一卷第 22 题：

已知函数 $f(x) = x(1-\ln x)$。

（1）讨论 $f(x)$ 的单调性；

（2）设 a 和 b 为两个不相等的正数，且 $b\ln a - a\ln b = a - b$，证明：$2 < \dfrac{1}{a} + \dfrac{1}{b} < e$。

2021 年资中二中高三培优练习题：

令 a 和 b 是不相等的两个正数，且 $b\ln a - a\ln b = a - b$。

证明：（1）$a + b - ab > 1$；（2）$a + b > 2$；（3）$2 < \dfrac{1}{a} + \dfrac{1}{b} < e$。

4.2 模拟压轴题研究

一、2022 年全国三卷数学第 21 题猜测

（一）试题结构

（1）是含参数函数试题；

（2）题设中仅有一个函数，由三类函数 $ax^2 + bx + c$，e^{ax+b}，$\ln(ax+b)$ 构成；

（3）函数中仅有一个参数；

（4）有两个小题，第一小题较易，第二小题较难。

（二）试题题型

试题为以下题型，或可转化为以下题型：

（1）$f(x) = (ax^2 + bx + c)e^x + rx^2 + sx + t$；

（2）$f(x) = (ax^2 + bx + c)\ln(x+1) + rx^2 + sx + t$；

（3）$f(x) = (a_1x^2 + b_1x + c_1)e^x + (a_2x^2 + b_2x + c_2)\ln(x+1) + rx^2 + sx + t$。

在题型（1）和题型（2）中，a, b, c, r, s, t 某些为参数，其余为常数，一般只研究单参数问题。在题型（3）中，指数函数和对数函数同时出现，但结构不会太复杂，如 2020 年山东卷数学第 21 题：

已知函数 $f(x) = ae^{x-1} - \ln x + \ln a$。

（1）当 $a = e$ 时，求曲线 $y = f(x)$ 在点 $(1, f(1))$ 处的切线与两坐标轴所围成的三角形的面积；

（2）若 $f(x) \geqslant 1$ 恒成立，求 a 的取值范围。

（三）第一小题题型

（1）求切线方程；

（2）求单调区间或极值最值；

（3）给定参数取值，证明不等式成立。

（四）第二小题题型

（1）不等式恒成立，求参数的取值范围；

（2）函数在某区间内有若干零点，求参数的取值范围；

（3）存在参数在某区间内取值，不等式恒成立；

（4）存在参数在某区间内取值，函数有若干零点；

（5）极值点偏移问题；

（6）双变元问题；

（7）公切线问题；

（8）函数、数列、不等式结合类问题。

（五）求参数取值范围的常用方法

1. 对参数进行分类讨论

已知 $f(x)$，a 为参数，通过观察对 a 进行分类讨论。

2. 找关键点或利用极端准则等方法

已知 $f(x)$，a 为参数，通过观察找 x 的特殊取值或极限，求出 a 的取值范围并验证。

3. 把函数的极值点转化为参数的函数

已知 $f(x)$，a 为参数，由 $f'(x) = 0 \Rightarrow x = g(a)$。

4. 把函数的参数转化为极值点的函数

已知 $f(x)$，a 为参数，由 $f'(x) = 0 \Rightarrow a = g(x)$。

5. 分离参数，构造函数

已知 $f(x)$，a 为参数，由 $f(x)$ 满足的关系推出 $a \vee g(x)$。

6. 变更主元

已知 $f(x)$，a 为参数，把以 x 为自变量的函数 $f(x)$ 写成以 a 为自变量的函数 $g(a)$。

7. 构造同构式

已知 $f(x)$，a 为参数，构造一个单调函数 $g(y)$，把 $f(x)$ 满足的关系转化为比较 $g(y)$ 在两点 $y_1(a)$ 和 $y_2(a)$ 的大小，推出 $y_1(a) \vee y_2(a)$，进而求出 a 的取值范围。

（六）双变元问题的解决之道

1. 把一个变元表示为另一个变元的函数

已知 $F(x, y) \vee 0$，若 $y = g(x)$，令 $H(x) = F(x, g(x))$。

2. 把两个变元进行恰当的组合，构造一个新的变元

已知 $F(x,y) \vee 0$，若 $t = g(x,y)$，令 $H(t) = H(g(x,y)) = F(x,y)$。

3. 给出两个变元的参数表达式

已知 $F(x,y) \vee 0$，若 $x = u(t)$，$y = v(t)$，令 $H(t) = F(u(t), v(t))$。

4. 构造同构式

已知 $F(x,y) \vee 0$，若 $F(x,y) \vee 0 \Rightarrow g(x) \vee g(y)$，则研究 $g(t)$ 的单调性。

5. 求二元函数偏导数

已知 $F(x,y) \vee 0$，计算 $\dfrac{\partial F}{\partial x}$ 和 $\dfrac{\partial F}{\partial y}$，判断 $F(x,y)$ 对 x 和 y 的单调性。

6. 利用隐函数求导

已知 $F(x,y) = 0$，若 $x \xleftrightarrow{1-1} y$，则把 y 看作 x 的函数。计算出 $\dfrac{\partial F}{\partial x}$ 和 $\dfrac{\partial F}{\partial y} \neq 0$，那么 $y' = -\dfrac{\partial F}{\partial x} \bigg/ \dfrac{\partial F}{\partial y}$。

（七）微积分背景知识

1. 费马定理

2. 罗尔定理

3. 拉格朗日中值定理

4. 柯西中值定理

5. 洛必达法则

6. 几个常用不等式

（1）当 $x > 0$ 时，有

$$e^x > 1 + x$$

$$e^x > 1 + x + \frac{1}{2}x^2$$

$$e^x > 1 + x + \frac{1}{2}x^2 + \frac{1}{6}x^3$$

$$\frac{x}{1+x} < \ln(1+x) < x$$

$$x - \frac{1}{2}x^2 < \ln(1+x) < x - \frac{1}{2}x^2 + \frac{1}{3}x^3$$

（2）当 $0 < x < 1$ 时，有

$$\frac{x}{1+x} < \ln\sqrt{\frac{1+x}{1-x}} < \frac{x}{1-x}$$

$$x + \frac{x^3}{3} < \ln\sqrt{\frac{1+x}{1-x}} < x + \frac{x^3}{3(1-x^2)}$$

（3）当 $a > b > 0$ 时，有

$$a > \sqrt{\frac{a^2+b^2}{2}} > \frac{a+b}{2} > \frac{a-b}{\ln a - \ln b} > \sqrt{ab} > \frac{2}{\frac{1}{a}+\frac{1}{b}} > b$$

⇩　⇩　⇩　⇩　⇩

根方平均　算术平均　对数平均　几何平均　调和平均

二、第二小题押题示例

（1）令 $f(x) = (ax^2 + bx + c)e^x + rx^2 + sx + t$，$a$ 是参数，b,c,r,s,t 是常数，我们来研究 $f(x) \geqslant 0$ 恒成立时参数 a 的取值范围。

因 $f(x) \geqslant 0$ 恒成立，故 $a \geqslant 0$ 且 $r \geqslant 0$，不妨令 $a > 0$。

又 $f(0) = c + t \geqslant 0$，令 $t = -c$，则 $f(x) = (ax^2+bx+c)e^x + rx^2 + sx - c$，$f(0) = 0$，于是 $f(x) \geqslant 0$ 恒成立 $\Leftrightarrow f(x)$ 在 $x = 0$ 处取得最小值且 $f(0) = 0$。

又 $f'(x) = [ax^2 + (2a+b)x + b + c]e^x + 2rx + s$，故 $f'(0) = 0$ 且 $x = 0$ 为 $f'(x)$ 的唯一零点。由 $f'(0) = 0$，得 $s = -b - c$。

又 $f''(x) = [ax^2 + (4a+b)x + 2a+2b+c]e^x + 2r$。若 $f''(x) \geqslant 0$，则 $x = 0$ 为 $f'(x)$ 的唯一零点。令 $4a+b = 0$，$2a+2b+c = 0$，则 $b = -4a$，$c = 6a$，$f''(x) = ax^2e^x + 2r \geqslant 0$，$x = 0$ 为 $f'(x)$ 的唯一零点，$f(x)$ 在 $x = 0$ 处取得最小值且 $f(0) = 0$。

由上，有 $a > 0$，$b = -4a$，$c = 6a$，$r \geqslant 0$，$s = -b-c = -2a$，$t = -c = -6a$。

令 $a = 1$，有以下结论。

命题一：$(x^2 - 4x + 6)e^x - 2x - 6 \geqslant 0$ 恒成立。

可押题如下。

押题一：若 $(ax^2 - 4x + 6)e^x - (a-1)x^2 - 2x - 6 \geqslant 0$ 恒成立，求 a 的取值范围。

答案：$a = 1$。

（2）令 $f(x)=(ax^2+bx+c)\ln(x+1)-rx^2-sx-t$，$a$ 是参数，b,c,r,s,t 是常数，我们来研究 $f(x)\leq 0$ 恒成立时参数 a 的取值范围。

因 $f(x)\leq 0$ 恒成立，故 $a\leq 0$，不妨令 $a<0$。

当 $x\in(-1,0)$ 时，有 $a\geq \dfrac{rx^2+sx+t-(bx+c)\ln(x+1)}{x^2\ln(x+1)}$，从而

$$a\geq \lim_{x\to 0^-}\dfrac{rx^2+sx+t-(bx+c)\ln(x+1)}{x^2\ln(x+1)}$$

当 $x\in(0,+\infty)$ 时，有 $a\leq \dfrac{rx^2+sx+t-(bx+c)\ln(x+1)}{x^2\ln(x+1)}$，从而

$$a\leq \lim_{x\to 0^+}\dfrac{rx^2+sx+t-(bx+c)\ln(x+1)}{x^2\ln(x+1)}$$

由上，得

$$a=\lim_{x\to 0}\dfrac{rx^2+sx+t-(bx+c)\ln(x+1)}{x^2\ln(x+1)} \quad \left(\dfrac{0}{0}\text{型},\ t=0\right)$$

$$=\lim_{x\to 0}\dfrac{2rx+s-b\ln(x+1)-\dfrac{bx+c}{x+1}}{2x\ln(x+1)+\dfrac{x^2}{x+1}} \quad \left(\dfrac{0}{0}\text{型},\ s=c\right)$$

$$=\lim_{x\to 0}\dfrac{2rx^2+(2r-b+c)x-b(x+1)\ln(x+1)}{x^2+2x(x+1)\ln(x+1)} \quad \left(\dfrac{0}{0}\text{型}\right)$$

$$=\lim_{x\to 0}\dfrac{4rx-b\ln(x+1)+2r-2b+c}{4x+(4x+2)\ln(x+1)} \quad \left(\dfrac{0}{0}\text{型},\ r=b-\dfrac{c}{2}\right)$$

$$=\lim_{x\to 0}\dfrac{4r-\dfrac{b}{x+1}}{4+4\ln(x+1)+\dfrac{4x+2}{x+1}}$$

$$=\dfrac{4r-b}{6}$$

$$=\dfrac{3b-2c}{6}$$

于是 $f(x) = (ax^2+bx+c)\ln(x+1) - \left(b-\dfrac{c}{2}\right)x^2 - cx \leqslant 0$ 恒成立，有 $a = \dfrac{3b-2c}{6}$。

令 $c = 2b$，则 $f(x) = (ax^2+bx+2b)\ln(x+1) - 2bx$，有 $a = -\dfrac{b}{6}$。

考虑到 $a < 0$，令 $b = 6$，则 $f(x) = (ax^2+6x+12)\ln(x+1) - 12x$，有 $a = -1$。

有以下结论。

命题二：$(-x^2+6x+12)\ln(x+1) - 12x \leqslant 0$ 恒成立。

由上知，此时可押题如下。

押题二：若 $(ax^2+6x+12)\ln(x+1) - 12x \leqslant 0$ 恒成立，求参数 a 的取值范围。

答案：$a = -1$。

4.3 模拟压轴题分类解析

第一类：不等式恒成立，求参数的取值范围。

练习一：若 $f(x) = ax^3+bx^2-3x$ 在 $x = \pm 1$ 处取得极值。

（1）求 $f(x)$ 的解析式；

（2）证明：任取 $x_1, x_2 \in [-1,1]$，有 $|f(x_1)-f(x_2)| \leqslant 4$；

（3）如果过点 $P(1,m)$ 可作曲线 $y = f(x)$ 的三条切线，求 m 的取值范围。

解：

（1）因 $f'(x) = 3ax^2+2bx-3$，故 $f'(\pm 1) = 0$，即 $\begin{cases} 3a+2b-3=0 \\ 3a-2b-3=0 \end{cases}$，有 $\begin{cases} a=1 \\ b=0 \end{cases}$。由上，知 $f(x)$ 的解析式为 $f(x) = x^3-3x$。

（2）当 $x \in [-1,1]$ 时，$f'(x) = 3x^2-3 \leqslant 0$，$f(x)$ 单调递减，有 $f(x)_{\max} = f(-1) = 2$，$f(x)_{\min} = f(1) = -2$。

任取 $x_1, x_2 \in [-1,1]$，有 $|f(x_1)-f(x_2)| \leqslant |f(-1)-f(1)|$，即 $|f(x_1)-f(x_2)| \leqslant 4$。

（3）令切点为 $Q(t, f(t))$，则切线 PQ 的方程为 $y - f(t) = f'(t)(x-t)$。

因点 $P(1,m)$ 在切线 PQ 上，有 $m - f(t) = f'(t)(1-t)$，即 $2t^3-3t^2+3+m = 0$。

因过点 $P(1,m)$ 可作曲线 $y = f(x)$ 的三条切线，故方程 $2t^3-3t^2+3+m = 0$ 有三个根。

令 $g(t) = 2t^3 - 3t^2 + 3 + m$，则 $g'(t) = 6t^2 - 6t$。

令 $g'(t) = 0$，得 $t = 0$ 或 $t = 1$，如表 4-1 所示。

表 4-1 函数取值变化

t	$(-\infty, 0)$	0	$(0,1)$	1	$(1, +\infty)$
$g'(t)$	+	0	−	0	+
$g(t)$	单调递增 负变正 有零点	+	单调递减 正变负 有零点	−	单调递增 负变正 有零点

由上表，知 $g(0) = m + 3 > 0$，$g(1) = m + 2 < 0$，故 $-3 < m < -2$。

练习二：若 $(ax^2 - 4x + 6)e^x - (a-1)x^2 - 2x - 6 \geq 0$ 恒成立，求 a 的取值范围。

解法一：

令 $f(x) = (ax^2 - 4x + 6)e^x - (a-1)x^2 - 2x - 6$，则 $f(0) = 0$。

原命题成立，当且仅当 $f(x)$ 在 $x = 0$ 处取得最小值。

$f'(x) = \left[ax^2 + (2a-4)x + 2 \right]e^x - 2(a-1)x - 2$，$f'(0) = 0$

$f''(x) = \left[ax^2 + (4a-4)x + 2a - 2 \right]e^x - 2a + 2$，$f''(0) = 0$

$f'''(x) = \left[ax^2 + (6a-4)x + 6a - 6 \right]e^x$

令 $f'''(0) = 6a - 6 = 0$，得 $a = 1$，有

$f(x) = (x^2 - 4x + 6)e^x - 2x - 6$

$f'(x) = (x^2 - 2x + 2)e^x - 2$

$f''(x) = x^2 e^x$

$f'''(x) = (x^2 + 2x)e^x$

如表 4-2 所示。

表 4-2 函数取值变化

x	$(-\infty, 0)$	0	$(0, +\infty)$
$f''(x)$	+	0	+
$f'(x)$	−	0	+
$f(x)$	+	0	+

综上，$a = 1$。

解法二：

由 $(ax^2-4x+6)e^x-(a-1)x^2-2x-6 \geqslant 0$，

得 $ax^2(e^x-1) \geqslant (4x-6)e^x-x^2+2x+6$。

当 $x>0$ 时，有 $a \geqslant \dfrac{(4x-6)e^x-x^2+2x+6}{x^2(e^x-1)}$，进而 $a \geqslant \lim\limits_{x \to 0}\dfrac{(4x-6)e^x-x^2+2x+6}{x^2(e^x-1)}$；

当 $x<0$ 时，有 $a \leqslant \dfrac{(4x-6)e^x-x^2+2x+6}{x^2(e^x-1)}$，进而 $a \leqslant \lim\limits_{x \to 0}\dfrac{(4x-6)e^x-x^2+2x+6}{x^2(e^x-1)}$。

由上，得

$$a = \lim_{x \to 0}\dfrac{(4x-6)e^x-x^2+2x+6}{x^2(e^x-1)} \quad \left(\dfrac{0}{0}\text{型，分子分母分别求导}\right)$$

$$= \lim_{x \to 0}\dfrac{(4x-2)e^x-2x+2}{(x^2+2x)e^x-2x} \quad \left(\dfrac{0}{0}\text{型，分子分母分别求导}\right)$$

$$= \lim_{x \to 0}\dfrac{(4x+2)e^x-2}{(x^2+4x+2)e^x-2} \quad \left(\dfrac{0}{0}\text{型，分子分母分别求导}\right)$$

$$= \lim_{x \to 0}\dfrac{4x+6}{x^2+6x+6}$$

$$= 1$$

当 $a=1$ 时，有

$f(x)=(x^2-4x+6)e^x-2x-6$

$f'(x)=(x^2-2x+2)e^x-2$

$f''(x)=x^2e^x$

如表 4-3 所示。

表 4-3 函数取值变化

x	$(-\infty,0)$	0	$(0,+\infty)$
$f''(x)$	+	0	+
$f'(x)$	−	0	+
$f(x)$	+	0	+

综上，$a=1$。

练习三：若 $(ax+6)\ln(x+1)-(a-3)x^2-6x \leqslant 0$ 恒成立，求 a 的取值范围。

解法一：

令 $f(x)=(ax+6)\ln(x+1)-(a-3)x^2-6x$，则 $f(0)=0$。

原命题成立，当且仅当 $f(x)$ 在 $x=0$ 处取得最大值。

$f'(x)=a\ln(x+1)+\dfrac{6-a}{x+1}-2(a-3)x-6+a$，$f'(0)=0$

$f''(x)=\dfrac{a}{x+1}+\dfrac{a-6}{(x+1)^2}-2a+6$，$f''(0)=0$

$f'''(x)=-\dfrac{a}{(x+1)^2}-\dfrac{2a-12}{(x+1)^3}$

令 $f'''(0)=-3a+12=0$，得 $a=4$，有

$f(x)=(4x+6)\ln(x+1)-x^2-6x$

$f'(x)=4\ln(x+1)+\dfrac{2}{x+1}-2x-2$

$f''(x)=\dfrac{4}{x+1}-\dfrac{2}{(x+1)^2}-2=-\dfrac{2x^2}{(x+1)^2}$

$f'''(x)=-\dfrac{4}{(x+1)^2}+\dfrac{4}{(x+1)^3}=-\dfrac{4x}{(x+1)^3}$

如表 4-4 所示。

表 4-4 函数取值变化

x	$(-1,0)$	0	$(0,+\infty)$
$f''(x)$	−	0	−
$f'(x)$	+	0	−
$f(x)$	−	0	−

综上，$a=4$。

解法二：

由原不等式，得 $a\left[x\ln(x+1)-x^2\right] \leqslant 6x-3x^2-6\ln(x+1)$。

当 $x\in(-1,0)$ 时，$a \leqslant \dfrac{6x-3x^2-6\ln(x+1)}{x\ln(x+1)-x^2}$，进而 $a \leqslant \lim\limits_{x\to 0}\dfrac{6x-3x^2-6\ln(x+1)}{x\ln(x+1)-x^2}$；

119

当 $x \in (0, +\infty)$ 时，$a \geq \dfrac{6x - 3x^2 - 6\ln(x+1)}{x\ln(x+1) - x^2}$，进而 $a \geq \lim\limits_{x \to 0} \dfrac{6x - 3x^2 - 6\ln(x+1)}{x\ln(x+1) - x^2}$。

由上，有

$$a = \lim_{x \to 0} \dfrac{6x - 3x^2 - 6\ln(x+1)}{x\ln(x+1) - x^2} \quad \left(\dfrac{0}{0}\text{型，分子分母分别求导}\right)$$

$$= \lim_{x \to 0} \dfrac{6 - 6x - \dfrac{6}{x+1}}{\ln(x+1) + 1 - \dfrac{1}{x+1} - 2x} \quad \left(\dfrac{0}{0}\text{型，分子分母分别求导}\right)$$

$$= \lim_{x \to 0} \dfrac{-6 + \dfrac{6}{(x+1)^2}}{\dfrac{1}{x+1} + \dfrac{1}{(x+1)^2} - 2} \quad \left(\dfrac{0}{0}\text{型，分子分母分别求导}\right)$$

$$= \lim_{x \to 0} \dfrac{6 - 6(x+1)^2}{2 + x - 2(x+1)^2} \quad \left(\dfrac{0}{0}\text{型，分子分母分别求导}\right)$$

$$= \lim_{x \to 0} \dfrac{-12(x+1)}{1 - 4(x+1)}$$

$$= 4$$

当 $a = 4$ 时，有

$$f(x) = (4x + 6)\ln(x+1) - x^2 - 6x$$

$$f'(x) = 4\ln(x+1) + \dfrac{2}{x+1} - 2x - 2$$

$$f''(x) = \dfrac{4}{x+1} - \dfrac{2}{(x+1)^2} - 2 = -\dfrac{2x^2}{(x+1)^2}$$

如表 4-5 所示。

表 4-5 函数取值变化

x	$(-1, 0)$	0	$(0, +\infty)$
$f''(x)$	$-$	0	$-$
$f'(x)$	$+$	0	$-$
$f(x)$	$-$	0	$-$

综上，$a = 4$。

练习四：若 $ax - \dfrac{1}{2}\ln(x+1) \geqslant \dfrac{e^x - x - 1}{e^x + x + 1}$ 恒成立，求 a 的取值范围。

解：

令 $f(x) = ax - \dfrac{1}{2}\ln(x+1) - \dfrac{e^x - x - 1}{e^x + x + 1}$，则 $f(0) = 0$。

原命题成立，当且仅当 $f(x)$ 在 $x = 0$ 处取得最小值。

又 $f'(x) = a - \dfrac{1}{2(x+1)} - \dfrac{2xe^x}{(e^x + x + 1)^2}$，

令 $f'(0) = a - \dfrac{1}{2} = 0$，得 $a = \dfrac{1}{2}$，有

$$f(x) = \dfrac{1}{2}x - \dfrac{1}{2}\ln(x+1) - \dfrac{e^x - x - 1}{e^x + x + 1}$$

$$f'(x) = \dfrac{1}{2} - \dfrac{1}{2(x+1)} - \dfrac{2xe^x}{(e^x + x + 1)^2} = \dfrac{x(e^x - x - 1)^2}{2(x+1)(e^x + x + 1)^2}$$

如表 4-6 所示。

表 4-6 函数取值变化

x	$(-1, 0)$	0	$(0, +\infty)$
$f'(x)$	−	0	+
$f(x)$	+	0	+

综上，$a = \dfrac{1}{2}$。

练习五：令 $f(x) = e^x + ax + \sin x$，$a \in \mathbb{R}$。

（1）证明：当 $a = -1$ 时，$f(x) > 0$ 恒成立；

（2）如果 $f(x)$ 是单调递增函数，求 a 的取值范围。

解：

（1）当 $a = -1$ 时，$f(x) = e^x - x + \sin x \geqslant e^x - x - 1$。

令 $g(x) = e^x - x - 1$，则 $g'(x) = e^x - 1$。令 $g'(x) = 0$，得 $x = 0$。

当 $x < 0$ 时，$g'(x) < 0$，$g(x)$ 单调递减；当 $x > 0$ 时，$g'(x) > 0$，$g(x)$ 单调递增。

故 $g(x)$ 在 $x = 0$ 处取得最小值，即 $g(x) \geqslant g(0)$，也就是 $g(x) \geqslant 0$，于是 $f(x) \geqslant 0$。

我们断言：$f(x) \neq 0$。

若存在 $x_0 \in \mathbb{R}$，使得 $f(x_0) = 0$，则 $g(x_0) = 0$，必有 $x_0 = 0$，而 $f(0) = 1 > 0$，矛盾。

故 $f(x) \neq 0$，$f(x) > 0$ 恒成立。

（2）$f'(x) = e^x + a + \cos x > a - 1$。

当 $a \geqslant 1$ 时，$f'(x) > 0$，$f(x)$ 单调递增。

当 $a < 1$ 时，令 $x = (2k-1)\pi$，则 $f'[(2k-1)\pi] = e^{(2k-1)\pi} + a - 1$。因 $\lim_{k \to -\infty} e^{(2k-1)\pi} = 0$，故存在充分大 $M > 0$，使得当 $k < -M$ 时，$e^{(2k-1)\pi} + a - 1 < 0$，即 $f'[(2k-1)\pi] < 0$，此时 $f(x)$ 非单调递增。

综上，如果 $f(x)$ 是单调递增函数，则 $a \geqslant 1$。

第二类：函数在某区间内有若干零点，求参数的取值范围。

练习六： 若 $f(x) = ae^x - x^3 + 3x^2 - 5x + 1$ 有四个零点，求 a 的取值范围。

解：

$ae^x - x^3 + 3x^2 - 5x + 1 = 0 \Leftrightarrow (-x^3 + 3x^2 - 5x + 1)e^{-x} + a = 0$

令 $x = -t$，则 $(-x^3 + 3x^2 - 5x + 1)e^{-x} + a = 0 \Leftrightarrow (t^3 + 3t^2 + 5t + 1)e^t + a = 0$。

令 $g(t) = (t^3 + 3t^2 + 5t + 1)e^t + a$，则 $g(t)$ 有四个零点。

又 $g'(t) = (t+1)(t+2)(t+3)e^t$，令 $g'(t) = 0$，得 $t = -1, -2, -3$。如表 4-7 所示。

表 4-7 函数取值变化

t	$(-\infty, -3)$	-3	$(-3, -2)$	-2	$(-2, -1)$	-1	$(-1, +\infty)$
$g'(t)$	$-$	0	$+$	0	$-$	0	$+$
$g(t)$	单调递减 正变负 有零点	$-$	单调递增 负变正 有零点	$+$	单调递减 正变负 有零点	$-$	单调递增 负变正 有零点

从表中可知

$g(-\infty) = a > 0$，$g(-3) = a - \dfrac{14}{e^3} < 0$，$g(-2) = a - \dfrac{5}{e^2} > 0$，$g(-1) = a - \dfrac{2}{e} < 0$

故 $\dfrac{5}{e^2} < a < \dfrac{14}{e^3}$。

第三类：存在参数在某区间内取值，不等式恒成立。

练习七： 令 $f(x) = x\ln(x+1) + \left(\dfrac{1}{2} - a\right)x + 2 - a$。当 $a \in \mathbb{Z}$ 时，若存在 $x \geqslant 0$，使不等式 $f(x) < 0$ 成立，求 a 的最小值。

解：

由 $f(x)<0$，得 $a > \dfrac{x\ln(x+1)+\dfrac{1}{2}x+2}{x+1}$。

令 $g(x)=\dfrac{x\ln(x+1)+\dfrac{1}{2}x+2}{x+1}$，$x\geqslant 0$。

据题意，存在 $x\geqslant 0$，使不等式 $f(x)<0$ 成立，只需 $a>g(x)_{\min}$。

容易计算，$g'(x)=\dfrac{x+\ln(x+1)-\dfrac{3}{2}}{(x+1)^2}$。

令 $u(x)=x+\ln(x+1)-\dfrac{3}{2}$，则 $u(x)$ 在 $[0,+\infty)$ 上单调递增。

又 $u(0)=-\dfrac{3}{2}<0$，$u(1)=\ln 2-\dfrac{1}{2}>0$。

故存在 $x_0\in(0,1)$，使得 $u(x_0)=0$，即 $\ln(x_0+1)=\dfrac{3}{2}-x_0$。

容易看出，$g(x)_{\min}=g(x_0)=\dfrac{x_0\ln(x_0+1)+\dfrac{1}{2}x_0+2}{x_0+1}=\dfrac{-x_0^2+2x_0+2}{x_0+1}$，$x_0\in(0,1)$。

令 $v(t)=\dfrac{-t^2+2t+2}{t+1}$，$t\in(0,1)$，则 $v(t)$ 在 $(0,1)$ 内单调递减，于是 $v(t)\in\left(\dfrac{3}{2},2\right)$，即 $g(x)_{\min}\in\left(\dfrac{3}{2},2\right)$。

又 $a\in\mathbb{Z}$，$a>g(x)_{\min}$，故 $a\geqslant 2$，a 的最小值为 2。

第四类：存在参数在某区间内取值，函数有若干零点。

练习八： 令 $x_1,x_2,\cdots,x_k$ 是函数 $f(x)=\mathrm{e}^x+x-\dfrac{a}{x}+2$ 的 k 个零点。

（1）如果 $x_i+x_i\mathrm{e}^{x_i}\leqslant \mathrm{e}+1$，$1\leqslant i\leqslant k$，求 a 的取值范围；

（2）$f(x)$ 有多少个零点？试给出 a 的取值范围与 $f(x)$ 的零点个数之间的对应关系。

解：

（1）$f(x)=0\Rightarrow \mathrm{e}^x+x-\dfrac{a}{x}+2=0\Rightarrow a=x\mathrm{e}^x+x^2+2x,x\neq 0$，求参数 a 的取值范围就转化为求函数 $g(x)=x\mathrm{e}^x+x^2+2x,x\neq 0$ 的值域。

又 $g'(x)=(x+1)(e^x+2)$，令 $g'(x)=0$，得 $x=-1$。

当 $x<-1$ 时，$g'(x)<0$，$g(x)$ 单调递减；当 $x>-1$ 时，$g'(x)>0$，$g(x)$ 单调递增。于是 $x=-1$ 是函数 $g(x)=xe^x+x^2+2x$ 的唯一极小值点即最小值点，有 $g_{min}(x)=g(-1)=-e^{-1}-1$。

当 $x_i<0$ 时，有 $x_i+x_ie^{x_i}\leqslant e+1$；当 $x_i>0$ 时，$x_i+x_ie^{x_i}\leqslant e+1\Rightarrow x_i\leqslant 1$。

总结上述，有 $g(-1)\leqslant a<g(0)$，$g(0)<a\leqslant g(1)$，即 $-e^{-1}-1\leqslant a<0$，$0<a\leqslant e+3$。

注意到当 $x\neq 0$ 时，函数 e^x+x+2 有零点 $x^*\neq 0$，于是 $g(x^*)=0$。即存在 $x^*\neq 0$，使得 $a=g(x^*)=0$。

综上所述，a 的取值范围是 $-e^{-1}-1\leqslant a\leqslant e+3$。

（2）当 $a=0$ 时，$f(x)=e^x+x+2$，$f'(x)=e^x+1>0$，于是 $f(x)$ 在 $(-\infty,+\infty)$ 内单调递增，在 $(-\infty,+\infty)$ 内至多有一个零点，当然在 $(-\infty,0)\cup(0,+\infty)$ 内也至多有一个零点。

当 $a\neq 0$ 时，令 $h(x)=xe^x+x^2+2x-a$，则 $f(x)=0\Leftrightarrow h(x)=0$，$f(x)$ 和 $h(x)$ 有相同的零点。下面讨论 $h(x)$ 的零点个数。

因 $h'(x)=(x+1)(e^x+2)$，$h'(x)$ 有唯一零点 $x=-1$，故 $h(x)$ 至多有两个零点，于是 $f(x)$ 至多有两个零点。为了得到这个结论，我们只需证明下面的命题。

命题：如果 $h(x)$ 有 k 个零点，则 $h'(x)$ 至少有 $(k-1)$ 个零点；反之，如果 $h'(x)$ 有 $(k-1)$ 个零点，则 $h(x)$ 至多有 k 个零点。

这是因为，如果 $h(x)$ 有两个零点 x_1 和 x_2，并且 $x_1<x_2$，则由 $h(x_1)=h(x_2)=0$ 可知：$h(x)$ 在区间 $[x_1,x_2]$ 上不可能单调递增，也不可能单调递减；于是 $h'(x)$ 不可能恒为正，也不可能恒为负；从而 $h'(x)$ 在区间 (x_1,x_2) 内存在零点 x^*，即 $h'(x^*)=0$。命题得证。

事实上，我们可以证明如表 4-8 所示结论。

表 4-8 函数取值不同所得零点个数

a 的取值范围	$(-\infty,-e^{-1}-1)$	$-e^{-1}-1$	$(-e^{-1}-1,0)$	0	$(0,+\infty)$
$f(x)$ 的零点个数	0	1	2	1	2

你能证明上面的结论吗？

第五类：极值点偏移问题。

练习九：$f(x)=ae^x+x^2-2x+1$ 有两个极值点 x_1 和 x_2 且 $x_1<x_2$，证明：$x_1+x_2>4$。

解：

$f'(x) = ae^x + 2x - 2$，令 $f'(x) = 0$，得 $a = \dfrac{2-2x}{e^x}$。

令 $g(x) = \dfrac{2-2x}{e^x}$，则 $g(x_1) = g(x_2)$。

又 $g'(x) = \dfrac{2x-4}{e^x}$，令 $g'(x) = 0$，得 $x = 2$。

当 $x < 2$ 时，$g'(x) < 0$，$g(x)$ 单调递减；当 $x > 2$ 时，$g'(x) > 0$，$g(x)$ 单调递增。

由上知，$x_1 < 2 < x_2$。

令 $h(x) = g(x) - g(4-x) = \dfrac{2-2x}{e^x} - \dfrac{2x-6}{e^{4-x}}$，则 $h'(x) = \dfrac{2(x-2)\left(e^{2-x} - e^{x-2}\right)}{e^2}$。

令 $h'(x) = 0$，得 $x = 2$。

当 $x < 2$ 时，$h'(x) < 0$，$h(x)$ 单调递减；当 $x > 2$ 时，$h'(x) < 0$，$h(x)$ 单调递减。

故 $h(x)$ 单调递减。

又 $x_1 < 2$，故 $h(x_1) > h(2)$，即 $g(x_1) - g(4-x_1) > 0$，故 $g(4-x_1) < g(x_1)$。

又 $g(x_1) = g(x_2)$，故 $g(4-x_1) < g(x_2)$。

又 $4-x_1, x_2 \in (2, +\infty)$，而 $g(x)$ 在 $(2, +\infty)$ 内单调递增，有 $4-x_1 < x_2$，即 $x_1 + x_2 > 4$。

第六类：双变元问题。

练习十： 令 $f(x) = e^x - ax + 1$。若在区间 $[0,2]$ 上存在实数 m 和 n，且 $|m-n| \geq 1$，使得 $f(m) = f(n)$，求 a 的取值范围。

解：

由 $f(m) = f(n)$，得 $a = \dfrac{e^m - e^n}{m - n}$，这里 $m, n \in [0,2]$，$|m-n| \geq 1$。不妨令 $m - n \geq 1$。

因 $a'_m = \dfrac{(m-n-1)e^m + e^n}{(m-n)^2} > 0$，故 $m \uparrow \Rightarrow a \uparrow$。

又 $a'_n = \dfrac{e^m - e^n(m-n+1)}{(m-n)^2} = \dfrac{e^n\left[e^{m-n} - 1 - (m-n)\right]}{(m-n)^2} > 0$，故 $n \uparrow \Rightarrow a \uparrow$。

注意到 $m, n \in [0,2]$，$m - n \geq 1$，有

当 $m = 2, n = 1$ 时，$a_{\max} = e^2 - e$；

当 $m=1, n=0$ 时，$a_{\min} = e-1$。

综上，有 $e-1 \leq a \leq e^2-e$。

第七类：公切线问题。

练习十一：令曲线 $C_1: y = x^2 + ax + b$，曲线 $C_2: y = \ln x$。如果两条曲线有公切线，给出 a 和 b 满足的关系。

略解：

两条曲线有公切线 $\Leftrightarrow x^2 + ax + b \geq \ln x$ 恒成立 $\Leftrightarrow b \geq \ln x - x^2 - ax$ 恒成立 $\Leftrightarrow b \geq (\ln x - x^2 - ax)_{\max} \Leftrightarrow b \geq \ln \dfrac{\sqrt{a^2+8}-a}{4} + \left(\dfrac{\sqrt{a^2+8}-a}{4}\right)^2 - 1$。

详解：

曲线 $C_1: y = f(x) = x^2 + ax + b$，$f''(x) = 2 > 0$，$C_1$ 向下凸；

曲线 $C_2: y = g(x) = \ln x$，$g''(x) = -\dfrac{1}{x^2} < 0$，$C_2$ 向上凸；

直线 $l: y = h(x) = g'(t)(x-t) + g(t) = \dfrac{x}{t} + \ln t - 1$。

显然，l 是 C_2 在 $x = t$ 处的切线。

下列命题等价：

（1）l 是 C_1 的切线；

（2）$F(x) = f(x) - h(x) = x^2 + \left(a - \dfrac{1}{t}\right)x + b - \ln t + 1$ 的最小值为 0；

（3）令 $F'(x) = 2x + a - \dfrac{1}{t} = 0$，得 $x = -\dfrac{1}{2}\left(a - \dfrac{1}{t}\right)$。代入 $F(x)$，得 $F(x)$ 的最小值函数

$$G(t) = \left[-\dfrac{1}{2}\left(a-\dfrac{1}{t}\right)\right]^2 - \dfrac{1}{2}\left(a-\dfrac{1}{t}\right)^2 + b - \ln t + 1 = -\dfrac{1}{4}\left(a-\dfrac{1}{t}\right)^2 + b - \ln t + 1,$$

必存在 $t \in (0, +\infty)$，使得 $G(t) = 0$。

易证三个命题的等价性，我们来研究命题（3）。

因 $G(+\infty) < 0$，只需 $G(t)_{\max} \geq 0$，必存在 $t \in (0, +\infty)$，使得 $G(t) = 0$。

又 $G'(t) = \dfrac{1 - at - 2t^2}{2t^3}$，令 $G'(t) = 0$，得 $a = \dfrac{1}{t} - 2t$。

代入 $G(t)$，得 $G(t)$ 的最大值 $G(t)_{\max}=b-t^2-\ln t+1$。

由 $a=\dfrac{1}{t}-2t$，得 $t=\dfrac{\sqrt{a^2+8}-a}{4}$，代入 $G(t)_{\max}$，得

$$G(t)_{\max}=b-\ln\dfrac{\sqrt{a^2+8}-a}{4}-\left(\dfrac{\sqrt{a^2+8}-a}{4}\right)^2+1$$

于是 $G(t)_{\max}\geqslant 0\Leftrightarrow b\geqslant \ln\dfrac{\sqrt{a^2+8}-a}{4}+\left(\dfrac{\sqrt{a^2+8}-a}{4}\right)^2-1$。

综上，$b\geqslant \ln\dfrac{\sqrt{a^2+8}-a}{4}+\left(\dfrac{\sqrt{a^2+8}-a}{4}\right)^2-1\Leftrightarrow G(t)_{\max}\geqslant 0\Leftrightarrow$ 命题（3）成立 $\Leftrightarrow$ 命题（2）成立 $\Leftrightarrow$ 命题（1）成立 $\Leftrightarrow$ 两条曲线 C_1 和 C_2 有公切线。

第八类：函数、数列、不等式结合类问题。

练习十二： 令函数 $f(x)=(1-x)\mathrm{e}^x-1$。

（1）证明：当 $x>0$ 时，$f(x)<0$；

（2）数列 $\{x_n\}$ 满足 $x_n\mathrm{e}^{x_{n+1}}=\mathrm{e}^{x_n}-1$，$x_1=1$，证明：$\{x_n\}$ 单调递减且 $x_n>\dfrac{1}{2^n}$。

证：

（1）当 $x>0$ 时，$f'(x)=-x\mathrm{e}^x<0$，$f(x)$ 在 $(0,+\infty)$ 内单调递减，$f(x)<f(0)=0$。

（2）由 $x_n\mathrm{e}^{x_{n+1}}=\mathrm{e}^{x_n}-1$，得 $\mathrm{e}^{x_{n+1}}=\dfrac{\mathrm{e}^{x_n}-1}{x_n}$。

结合 $x_1=1$ 及 $\mathrm{e}^x>1+x\,(x>0)$，有 $\mathrm{e}^{x_2}=\dfrac{\mathrm{e}^{x_1}-1}{x_1}>1$，于是 $x_2>0$。

又 $x_{n+1}>0\Leftrightarrow \mathrm{e}^{x_{n+1}}>1\Leftrightarrow \dfrac{\mathrm{e}^{x_n}-1}{x_n}>1\Leftrightarrow \mathrm{e}^{x_n}>1+x_n\Leftrightarrow x_n>0$，故 $x_n>0\Rightarrow x_{n+1}>0$。

于是对任意 $n\in\mathbb{N}^*$，有 $x_n>0$。

又 $x_{n+1}<x_n\Leftrightarrow \mathrm{e}^{x_{n+1}}<\mathrm{e}^{x_n}\Leftrightarrow \dfrac{\mathrm{e}^{x_n}-1}{x_n}<\mathrm{e}^{x_n}\Leftrightarrow (1-x_n)\mathrm{e}^{x_n}-1<0$，而 $x_n>0$，由(1)知不等式 $(1-x_n)\mathrm{e}^{x_n}-1<0$ 成立，故 $x_{n+1}<x_n$，即数列 $\{x_n\}$ 单调递减。

又 $x_n>\dfrac{1}{2^n}\Leftarrow x_{n+1}>\dfrac{1}{2}x_n\Leftarrow \mathrm{e}^{x_{n+1}}>\mathrm{e}^{\frac{1}{2}x_n}\Leftarrow \dfrac{\mathrm{e}^{x_n}-1}{x_n}>\mathrm{e}^{\frac{1}{2}x_n}\Leftarrow \mathrm{e}^{x_n}-x_n\mathrm{e}^{\frac{1}{2}x_n}-1>0$。

令 $g(x) = e^x - xe^{\frac{1}{2}x} - 1 (x > 0)$，则 $g'(x) = e^{\frac{1}{2}x}\left(e^{\frac{1}{2}x} - 1 - \frac{1}{2}x\right) > 0$，于是 $g(x)$ 在区间 $(0, +\infty)$ 内单调递增，有 $e^{x_n} - x_n e^{\frac{1}{2}x_n} - 1 = g(x_n) > g(0) = 0$，故 $x_n > \frac{1}{2^n}$。

综上，数列 $\{x_n\}$ 单调递减且 $x_n > \frac{1}{2^n}$。

4.4　模拟压轴题分类练习

第一类：不等式恒成立，求参数的取值范围。

（1）若 $(ax^2 + x + 1)e^x \leqslant e$ 恒成立，求 a 的取值范围。

（2）若 $(x^2 + ax + a)e^x \geqslant -e$ 恒成立，求 a 的取值范围。

（3）若 $e^x(e^x - a) - a^2 x \geqslant 0$ 恒成立，求 a 的取值范围。

（4）若 $x \geqslant 0$ 时，$2e^x - (x-a)^2 + 8 \geqslant 0$ 恒成立，求 a 的取值范围。

（5）若 $(ax - 6)e^x + x^2 + 4x + 6 \geqslant 0$ 恒成立，求 a 的取值范围。

（6）若 $(x^2 + ax + 6)e^x - 2x - 6 \geqslant 0$ 恒成立，求 a 的取值范围。

（7）若 $(ax^2 - 4x + 6)e^x - (a-1)x^2 - 2x - 6 \geqslant 0$ 恒成立，求 a 的取值范围。

（8）若 $\left(ax - 6 + \dfrac{12}{x}\right)e^x - x - 6 - \dfrac{12}{x} > 0$ 恒成立，求 a 的取值范围。

（9）若 $(ax^2 - 8x + 20)e^x - \dfrac{1}{3}x^3 - (a+2)x^2 - 12x - 20 \geqslant 0$ 恒成立，求 a 的取值范围。

（10）若 $(ax^2 + 6x + 12)\ln(x+1) - 12x \leqslant 0$ 恒成立，求 a 的取值范围。

（11）若 $(ax + 6)\ln(x+1) - (a-3)x^2 - 6x \leqslant 0$ 恒成立，求 a 的取值范围。

（12）若 $\left(x - a - \dfrac{6}{x}\right)\ln(x+1) + 3x + 6 > 0$ 恒成立，求 a 的取值范围。

（13）已知函数 $f(x)=ax^2+(1-a)x+\ln x-1$，$g(x)=e^x+\dfrac{1}{2}x^2-x-1$。如果对任意的 $u\in(0,+\infty)$，$v\in(-\infty,+\infty)$，不等式 $f(u)\leqslant g(v)$ 恒成立，求 a 的取值范围。

（14）令 $f(x)=\dfrac{1}{x}-x+a\ln x$。

①若 $x\geqslant 1$ 时 $f(x)\leqslant 0$ 恒成立，求 a 的取值范围；

②若 $f(x)$ 存在两个极值点 x_1 和 x_2，证明：$\dfrac{f(x_1)-f(x_2)}{x_1-x_2}<a-2$。

（15）令 $f(x)=ax-a-\ln x$，且 $f(x)\geqslant 0$ 恒成立。

①求 a 的取值范围；

②对任意正整数 n，$\left(1+\dfrac{1}{2}\right)\left(1+\dfrac{1}{2^2}\right)\cdots\left(1+\dfrac{1}{2^n}\right)<m$，求 m 的最小整数值。

（16）令 $f(x)=ax-\dfrac{1}{2}\ln(x+1)$，$g(x)=\dfrac{e^x-x-1}{e^x+x+1}$。

①若 $f(x)\geqslant 0$ 恒成立，求 a 的取值范围；

②若 $f(x)\geqslant g(x)$ 恒成立，求 a 的取值范围。

（17）令 $f(x)=\sin^2 x\sin 2x$。

①讨论 $f(x)$ 在区间 $(0,\pi)$ 内的单调性；

②证明：$|f(x)|\leqslant\dfrac{3\sqrt{3}}{8}$；

③证明：$\sin^2 x\sin^2 2x\sin^2 4x\cdots\sin^2 2^n x\leqslant\dfrac{3^n}{4^n}$。

（18）令 $f(x)=e^x+ax+\sin x$，$a\in\mathbb{R}$。

①证明：当 $a=-1$ 时，$f(x)>0$ 恒成立；

②如果 $f(x)$ 是单调递增函数，求 a 的取值范围。

（19）令 $f(x)=e^x+\sin x+ax+b$，$a,b\in\mathbb{R}$。

①如果 $f(x)$ 是单调递增函数，求 a 的取值范围；

②当 a 和 b 满足什么条件时，$f(x)>0$ 恒成立？

（20）已知函数 $f(x)=x\ln(x+1)+\left(\dfrac{1}{2}-a\right)x+2-a$。当 $a\in\mathbb{Z}$ 时，若存在 $x\geqslant 0$，使不等式 $f(x)<0$ 成立，求 a 的最小值。

（21）已知函数 $f(x)=x\ln(x+1)+\left(\dfrac{1}{2}-a\right)x+2-a$。当 $a^2\in\mathbb{N}$ 时，若存在 $x\geq 0$，使不等式 $f(x)<0$ 成立，求 a 的最小值。

（22）已知函数 $f(x)=x\ln(x+1)-(4+a)x-(1+a)$。当 $4a\in\mathbb{Z}$ 时，若存在 $x\geq 0$，使不等式 $f(x)<0$ 成立，求 a 的最小值。

（23）若 $f(x)=ax^3+bx^2-3x$ 在 $x=\pm 1$ 处取得极值。

①求 $f(x)$ 的解析式；

②证明：任取 $x_1,x_2\in[-1,1]$，有 $|f(x_1)-f(x_2)|\leq 4$；

③如果过点 $P(1,m)$ 可作曲线 $y=f(x)$ 的三条切线，求 m 的取值范围。

（24）令 $f(x)=x^3+bx+c$，曲线 $y=f(x)$ 在点 $\left(\dfrac{1}{2},f\left(\dfrac{1}{2}\right)\right)$ 处的切线与 y 轴垂直。

①求 b；

②若 $f(x)$ 有一个绝对值不大于1的零点，证明：$f(x)$ 所有零点的绝对值都不大于1。

（25）令 a 和 b 是不相等的两个正数，且 $b\ln a-a\ln b=a-b$。

证明：① $a+b-ab>1$；② $a+b>2$；③ $\dfrac{1}{a}+\dfrac{1}{b}>2$。

（26）令 $f(x)=x(e^x-1)$。

①讨论 $f(x)$ 的单调性；

②如果 $f(x)=f(y)$，$x\leq 0\leq y$，证明：$2x+2y-xy\geq 0$。

（27）已知函数 $f(x)=\dfrac{1}{\sqrt{1+a}}+\dfrac{1}{\sqrt{1+x}}+\sqrt{\dfrac{ax}{8+ax}}$，$x\in(0,+\infty)$。

①当 $a=8$ 时，求 $f(x)$ 的单调区间；

②对任意正数 a，证明：$1<f(x)<2$。

（28）已知实数 $a\neq 0$，设函数 $f(x)=a\ln x+\sqrt{1+x}$，$x>0$。

①当 $a=-\dfrac{3}{4}$ 时，求函数 $f(x)$ 的单调区间；

②对任意 $x\in\left[\dfrac{1}{e^2},+\infty\right)$，均有 $f(x)\leq\dfrac{\sqrt{x}}{2a}$，求 a 的取值范围。

（29）已知函数 $f(x)=ae^{x-1}-\ln x+\ln a$。

①当 $a=e$ 时，求曲线 $y=f(x)$ 在点 $(1,f(1))$ 处的切线与两坐标轴围成的三角形的面积；

②若 $f(x) \geq 1$ 恒成立，求 a 的取值范围。

（30）定义在 $(0,+\infty)$ 上的函数 $f(x)$ 满足 $f(x) \geq 0$，且 $f(x)\ln x \leq f'(x) \leq 2f(x)\ln x$，这里 $f'(x)$ 是 $f(x)$ 的导函数。证明：

① $f(x) \equiv 0, x \in (0,1]$；

②若存在 $x_0 \in (0,+\infty)$，使得 $f(x_0) \neq 0$，则对任意 $M > 0$，存在 $x_M \in (0,+\infty)$，使得 $f(x_M) > M$。

第二类：函数在某区间内有若干零点，求参数的取值范围。

（31）若 $f(x) = e^x - ax^2$ 在区间 $(0,+\infty)$ 内仅有一个零点，求 a 的取值范围。

（32）若 $f(x) = ae^{2x} + (a-2)e^x - x$ 有两个零点，求 a 的取值范围。

（33）若 $f(x) = ae^x - x^3 + 3x^2 - 5x + 1$ 有四个零点，求 a 的取值范围。

（34）令 $f(x) = e^x - ax^2 - (e-a-1)x - 1$。

①证明：$f(x)$ 在区间 $(0,1)$ 内至多有一个零点；

②如果 $f(x)$ 在区间 $(0,1)$ 内有零点，求 a 的取值范围。

（35）令 $f(x) = e^x - ax^3 - (e-a-1)x - 1$。

①证明：$f(x)$ 在区间 $(0,1)$ 内至多有一个零点；

②如果 $f(x)$ 在区间 $(0,1)$ 内有零点，求 a 的取值范围。

第三类：存在参数在某区间内取值，不等式恒成立。

（36）已知函数 $f(x) = -2(x+a)\ln x + x^2 - 2ax - 2a^2 + a$，其中 $a > 0$。

①设 $g(x)$ 是 $f(x)$ 的导函数，讨论 $g(x)$ 的单调性；

②证明：存在 $a \in (0,1)$，使得 $f(x) \geq 0$ 在 $(1,+\infty)$ 内恒成立，且 $f(x) = 0$ 在 $(1,+\infty)$ 内有唯一解。

（37）已知函数 $f(x) = -\dfrac{1}{3}x^3 + (x+a)\ln x + a^3x + a^2 - a$，其中 $a > 0$。

①设 $g(x)$ 是 $f(x)$ 的导函数，讨论 $g(x)$ 在 $(1,+\infty)$ 内的零点个数；

②证明：存在 $a \in (0,1)$，使得 $f(x) \leq 0$ 在 $(1,+\infty)$ 内恒成立，且 $f(x) = 0$ 在 $(1,+\infty)$ 内有唯一解。

第四类：存在参数在某区间内取值，函数有若干零点。

（38）令 $x_1, x_2, \cdots, x_k$ 是函数 $f(x) = e^x + x - \dfrac{a}{x} + 2$ 的 k 个零点。

①如果 $x_i + x_i e^{x_i} \leqslant e+1$，$1 \leqslant i \leqslant k$，求 a 的取值范围；

② $f(x)$ 有多少个零点？试给出 a 的取值范围与 $f(x)$ 的零点个数之间的对应关系。

第五类：极值点偏移问题。

（39）若 $f(x) = ae^x + x^2 - 2x + 1$ 有两个极值点 x_1 和 x_2，且 $x_1 < x_2$，证明：$x_1 + x_2 > 4$。

第六类：双变元问题。

（40）已知函数 $f(x) = e^x - ax + 1$。若在区间 $[0, 2]$ 上存在实数 m 和 n，且 $|m-n| \geqslant 1$，使得 $f(m) = f(n)$，求 a 的取值范围。

（41）已知函数 $f(x) = e^x - ax$。若在区间 $[0, 2]$ 上存在实数 m 和 n，且 $|m-n| \geqslant 1$，使得 $f(m) + f(n) = 0$，证明：$\dfrac{\sqrt{e}(e+1)}{2} \leqslant a \leqslant \dfrac{e^2+1}{2}$。

（42）已知 $f(x) = (x-1)\ln x$。

①求 $f(x)$ 的单调区间；

②令 $m = f(x_1) = f(x_2)$，$0 < x_1 \leqslant 1 \leqslant x_2$，证明：$x_1 + x_2 \leqslant 2 + \dfrac{m}{2}$。

（43）若不等式 $\ln x \geqslant \dfrac{k(x-1)}{x+1}$ 对任意 $x \in [1, +\infty)$ 恒成立。

①求实数 k 的取值范围；

②已知 $f(x) = \dfrac{\ln x}{x}$，如果 $f(x_1) = f(x_2) = m$ 且 $x_1 < x_2$，证明 $x_1 + x_2 > \dfrac{3}{m} - e$。

第七类：公切线问题。

（44）令曲线 $C_1: y = x^2 + ax + b$，曲线 $C_2: y = \ln x$。如果两条曲线有公切线，给出 a 和 b 满足的关系。

（45）已知抛物线 $C_1: y = -x^2 - \dfrac{1}{2}$ 和抛物线 $C_2: y = x^2 + 2ax$，其中 a 为实数。如果直线 l 同时是 C_1 和 C_2 的切线，那么称 l 是 C_1 和 C_2 的公切线。相应地，公切线上两个切点之间的线段成为公切线段。

①当 a 为何值时，C_1 和 C_2 有且仅有一条公切线？

②证明：若 C_1 和 C_2 有两条公切线，则这两条公切线段互相平分。

（46）已知曲线 $C_1: y = \dfrac{3}{4}x^2$，曲线 $C_2: y = \ln x$。

①证明：曲线 C_1 和曲线 C_2 恰有两条公切线。

②设点 P 在曲线 C_1 上，点 Q 在曲线 C_2 上，求 $|PQ|$ 的最小值。

（47）已知圆 $C_1: x^2 + y^2 = 1$，椭圆 $C_2: \dfrac{x^2}{9} + \dfrac{y^2}{4} = 1$，抛物线 $C_3: y = x^2 - \dfrac{9}{2}x + 7$，直线 $l: y = -\dfrac{1}{2}x + \dfrac{11}{4}$。

①过椭圆 C_2 上一点 P，作圆 C_1 的切线 PA 和 PB，切点分别为 A 和 B。动直线 AB 是否与一个固定椭圆相切？如果是，请给出证明并求出固定椭圆；如果不是，请说明理由。

②求抛物线 C_3 上的点 M_0 和椭圆 C_2 上的点 N_0，分别使点 M_0 和点 N_0 到直线 l 的距离最小；设点 M 在抛物线 C_3 上，点 N 在椭圆 C_2 上，证明 $|MN| \geqslant |M_0 N_0|$。

第八类：函数、数列、不等式结合类问题。

（48）已知数列 $\{a_n\}$ 中，$a_1 = 1$，$a_{n+1} = c - \dfrac{1}{a_n}$。

①设 $c = \dfrac{5}{2}$，$b_n = \dfrac{1}{a_n - 2}$，求数列 $\{b_n\}$ 的通项公式；

②求使不等式 $a_n < a_{n+1} < 3$ 成立的 c 的取值范围。

（49）设 $a > 2$，给定数列 $\{x_n\}$，其中 $x_1 = a$，$x_{n+1} = \dfrac{x_n^2}{2(x_n - 1)}$，$n = 1, 2, \cdots$。证明：

① $x_n > 2$，且 $\dfrac{x_{n+1}}{x_n} < 1$，$n = 1, 2, \cdots$；

②如果 $a \leqslant 3$，那么 $x_n \geqslant 2 + \dfrac{1}{2^{n-1}}$，$n = 1, 2, \cdots$；

③如果 $a > 3$，那么 $n \geqslant \dfrac{\lg \dfrac{a}{3}}{\lg \dfrac{4}{3}}$ 时，必有 $x_{n+1} < 3$。

（50）令函数 $f(x) = (1-x)\mathrm{e}^x - 1$。

①证明：当 $x > 0$ 时，$f(x) < 0$；

②数列 $\{x_n\}$ 满足 $x_n \mathrm{e}^{x_{n+1}} = \mathrm{e}^{x_n} - 1$，$x_1 = 1$，证明：$\{x_n\}$ 单调递减且 $x_n > \dfrac{1}{2^n}$。

5

培优练习

5.1 培优练习一

一、试题

（1）正实数 x, y, z 满足 $x \geq y \geq 1$，且 $x + y \leq 2z + 2$，求 $\dfrac{1}{x} + \dfrac{z}{y}$ 的最小值。

（2）令 $f(x) = a\ln x - e^{x-1} + \ln a + 1$。若 $x \geq 1$ 时，$f(x) < 0$ 恒成立，求 a 的取值范围。

（3）若 $(ax - 6)e^x + x^2 + 4x + 6 \geq 0$ 恒成立，求 a 的取值范围。

（4）若 $(ax + 6)\ln(x + 1) - (a - 3)x^2 - 6x \leq 0$ 恒成立，求 a 的取值范围。

二、培优练习一参考解答

（1）正实数 x, y, z 满足 $x \geq y \geq 1$，且 $x + y \leq 2z + 2$，求 $\dfrac{1}{x} + \dfrac{z}{y}$ 的最小值。

解：

$\dfrac{1}{x} + \dfrac{z}{y} \geq \dfrac{1}{x} + \dfrac{x + y - 2}{2y} = \dfrac{1}{x} + \dfrac{x}{2y} - \dfrac{1}{y} + \dfrac{1}{2}$，$x + y = 2z + 2$ 时取等号。

令 $x = ky$，$k \geq 1$，代入上式，有

$\dfrac{1}{x} + \dfrac{z}{y} = \dfrac{1}{ky} - \dfrac{1}{y} + \dfrac{k}{2} + \dfrac{1}{2} = \dfrac{1-k}{ky} + \dfrac{k}{2} + \dfrac{1}{2} \geq \dfrac{1-k}{k} + \dfrac{k}{2} + \dfrac{1}{2} = \dfrac{1}{k} + \dfrac{k}{2} - \dfrac{1}{2} \geq \sqrt{2} - \dfrac{1}{2}$，$y = 1$ 且 $k = \sqrt{2}$ 时取等号。

综上，当 $x = \sqrt{2}, y = 1, z = \dfrac{\sqrt{2} - 1}{2}$ 时，$\dfrac{1}{x} + \dfrac{z}{y}$ 取最小值 $\sqrt{2} - \dfrac{1}{2}$。

（2）令 $f(x) = a\ln x - e^{x-1} + \ln a + 1$。若 $x \geq 1$ 时，$f(x) < 0$ 恒成立，求 a 的取值范围。

解：

$f(x) < 0 \Rightarrow f(1) < 0 \Rightarrow \ln a < 0 \Rightarrow 0 < a < 1$。

当 $0 < a < 1$ 时，有

$f(x) = a\ln x - e^{x-1} + \ln a + 1 < \ln x - e^{x-1} + 1 \leq (x - 1) - [1 + (x - 1)] + 1 = 0$。

综上，有 $0 < a < 1$。

（3）若 $(ax - 6)e^x + x^2 + 4x + 6 \geq 0$ 恒成立，求 a 的取值范围。

解法一：

令 $f(x) = (ax - 6)e^x + x^2 + 4x + 6$，则 $f(0) = 0$。

原命题成立，当且仅当 $f(x)$ 在 $x=0$ 处取得最小值。

$f'(x) = (ax+a-6)e^x + 2x + 4$，$f'(0) = a - 2 = 0$，得 $a = 2$，有

$$f(x) = (2x-6)e^x + x^2 + 4x + 6$$

$$f'(x) = (2x-4)e^x + 2x + 4$$

$$f''(x) = (2x-2)e^x + 2$$

$$f'''(x) = 2xe^x$$

如表 5-1 所示。

表 5-1 函数取值变化

x	$(-\infty, 0)$	0	$(0, +\infty)$
$f'''(x)$	$-$	0	$+$
$f''(x)$	$+$	0	$+$
$f'(x)$	$-$	0	$+$
$f(x)$	$+$	0	$+$

综上，$a = 2$。

解法二：

由 $(ax-6)e^x + x^2 + 4x + 6 \geqslant 0$，得 $axe^x \geqslant 6e^x - x^2 - 4x - 6$。

当 $x > 0$ 时，有 $a \geqslant \dfrac{6e^x - x^2 - 4x - 6}{xe^x}$，进而 $a \geqslant \lim\limits_{x \to 0} \dfrac{6e^x - x^2 - 4x - 6}{xe^x}$；

当 $x < 0$ 时，有 $a \leqslant \dfrac{6e^x - x^2 - 4x - 6}{xe^x}$，进而 $a \leqslant \lim\limits_{x \to 0} \dfrac{6e^x - x^2 - 4x - 6}{xe^x}$。

由上，得

$$a = \lim_{x \to 0} \frac{6e^x - x^2 - 4x - 6}{xe^x} \quad \left(\frac{0}{0}\text{型，分子分母分别求导}\right)$$

$$= \lim_{x \to 0} \frac{6e^x - 2x - 4}{(x+1)e^x}$$

$$= 2$$

当 $a = 2$ 时，有

$$f(x) = (2x-6)e^x + x^2 + 4x + 6$$

$$f'(x) = (2x-4)e^x + 2x + 4$$

$$f''(x) = (2x-2)e^x + 2$$

$f'''(x) = 2xe^x$

如表 5-2 所示。

表 5-2 函数取值变化

x	$(-\infty, 0)$	0	$(0, +\infty)$
$f'''(x)$	−	0	+
$f''(x)$	+	0	+
$f'(x)$	−	0	+
$f(x)$	+	0	+

综上，$a = 2$。

（4）若 $(ax+6)\ln(x+1) - (a-3)x^2 - 6x \leqslant 0$ 恒成立，求 a 的取值范围。

解法一：

令 $f(x) = (ax+6)\ln(x+1) - (a-3)x^2 - 6x$，则 $f(0)=0$。

原命题成立，当且仅当 $f(x)$ 在 $x = 0$ 处取得最大值。

$f'(x) = a\ln(x+1) + \dfrac{6-a}{x+1} - 2(a-3)x - 6 + a$，$f'(0) = 0$；

$f''(x) = \dfrac{a}{x+1} + \dfrac{a-6}{(x+1)^2} - 2a + 6$，$f''(0) = 0$；

$f'''(x) = -\dfrac{a}{(x+1)^2} - \dfrac{2a-12}{(x+1)^3}$。

令 $f'''(0) = -3a + 12 = 0$，得 $a = 4$，有

$f(x) = (4x+6)\ln(x+1) - x^2 - 6x$

$f'(x) = 4\ln(x+1) + \dfrac{2}{x+1} - 2x - 2$

$f''(x) = \dfrac{4}{x+1} - \dfrac{2}{(x+1)^2} - 2 = -\dfrac{2x^2}{(x+1)^2}$

$f'''(x) = -\dfrac{4}{(x+1)^2} + \dfrac{4}{(x+1)^3} = -\dfrac{4x}{(x+1)^3}$

如表 5-3 所示。

表 5-3 函数取值变化

x	$(-1,0)$	0	$(0,+\infty)$
$f''(x)$	−	0	−
$f'(x)$	+	0	−
$f(x)$	−	0	−

综上，$a=4$。

解法二：

由 $(ax+6)\ln(x+1)-(a-3)x^2-6x \leqslant 0$，

得 $a\left[x\ln(x+1)-x^2\right] \leqslant 6x-3x^2-6\ln(x+1)$。

当 $x \in (-1,0)$ 时，$a \leqslant \dfrac{6x-3x^2-6\ln(x+1)}{x\ln(x+1)-x^2}$，进而 $a \leqslant \lim\limits_{x\to 0}\dfrac{6x-3x^2-6\ln(x+1)}{x\ln(x+1)-x^2}$；

当 $x \in (0,+\infty)$ 时，$a \geqslant \dfrac{6x-3x^2-6\ln(x+1)}{x\ln(x+1)-x^2}$，进而 $a \geqslant \lim\limits_{x\to 0}\dfrac{6x-3x^2-6\ln(x+1)}{x\ln(x+1)-x^2}$。

由上，有

$a = \lim\limits_{x\to 0}\dfrac{6x-3x^2-6\ln(x+1)}{x\ln(x+1)-x^2}$ $\left(\dfrac{0}{0}\text{型，分子分母分别求导}\right)$

$= \lim\limits_{x\to 0}\dfrac{6-6x-\dfrac{6}{x+1}}{\ln(x+1)+1-\dfrac{1}{x+1}-2x}$ $\left(\dfrac{0}{0}\text{型，分子分母分别求导}\right)$

$= \lim\limits_{x\to 0}\dfrac{-6+\dfrac{6}{(x+1)^2}}{\dfrac{1}{x+1}+\dfrac{1}{(x+1)^2}-2}$ $\left(\dfrac{0}{0}\text{型，分子分母分别求导}\right)$

$= \lim\limits_{x\to 0}\dfrac{6-6(x+1)^2}{2+x-2(x+1)^2}$ $\left(\dfrac{0}{0}\text{型，分子分母分别求导}\right)$

$= \lim\limits_{x\to 0}\dfrac{-12(x+1)}{1-4(x+1)}$

$= 4$

当 $a=4$ 时，有

$f(x) = (4x+6)\ln(x+1)-x^2-6x$

$$f'(x) = 4\ln(x+1) + \frac{2}{x+1} - 2x - 2$$

$$f''(x) = \frac{4}{x+1} - \frac{2}{(x+1)^2} - 2 = -\frac{2x^2}{(x+1)^2}$$

如表 5-4 所示。

表 5-4 函数取值变化

x	$(-1,0)$	0	$(0,+\infty)$
$f''(x)$	−	0	−
$f'(x)$	+	0	−
$f(x)$	−	0	−

综上，$a = 4$。

5.2 培优练习二

一、试题

（1）若 $e^x(e^x - a) - a^2 x \geqslant 0$ 恒成立，求 a 的取值范围。

（2）若 $x \geqslant 0$ 时，$2e^x - (x-a)^2 + 8 \geqslant 0$ 恒成立，求 a 的取值范围。

（3）令 $f(x) = ax - \frac{1}{2}\ln(x+1)$，$g(x) = \frac{e^x - x - 1}{e^x + x + 1}$。

①若 $f(x) \geqslant 0$ 恒成立，求 a 的取值范围；

②若 $f(x) \geqslant g(x)$ 恒成立，求 a 的取值范围。

（4）令 $f(x) = e^x + ax + \sin x$，$a \in \mathbb{R}$。

①证明：当 $a = -1$ 时，$f(x) > 0$ 恒成立；

②如果 $f(x)$ 是单调递增函数，求 a 的取值范围。

二、培优练习二参考解答

（1）若 $e^x(e^x - a) - a^2 x \geqslant 0$ 恒成立，求 a 的取值范围。

解：

令 $f(x) = e^x(e^x - a) - a^2 x$，则 $f'(x) = (2e^x + a)(e^x - a)$，下面分情况讨论。

①若 $a=0$，则 $f(x)=e^{2x} \geqslant 0$。

②若 $a>0$，令 $f'(x)=0$，得 $x=\ln a$，则 $f(x)$ 在 $x=\ln a$ 处取得最小值，且最小值为 $f(\ln a)=-a^2 \ln a$，于是 $-a^2 \ln a \geqslant 0 \Leftrightarrow a \leqslant 1$。

③若 $a<0$，令 $f'(x)=0$，得 $x=\ln\left(-\dfrac{a}{2}\right)$，则 $f(x)$ 在 $x=\ln\left(-\dfrac{a}{2}\right)$ 处取得最小值，且最小值为 $f\left(\ln\left(-\dfrac{a}{2}\right)\right)=a^2\left[\dfrac{3}{4}-\ln\left(-\dfrac{a}{2}\right)\right]$，于是 $a^2\left[\dfrac{3}{4}-\ln\left(-\dfrac{a}{2}\right)\right] \geqslant 0 \Leftrightarrow a \geqslant -2e^{\frac{3}{4}}$。

综上，a 的取值范围是 $\left[-2e^{\frac{3}{4}}, 1\right]$。

（2）若 $x \geqslant 0$ 时，$2e^x-(x-a)^2+8 \geqslant 0$ 恒成立，求 a 的取值范围。

解法一：

由 $2e^x-(x-a)^2+8 \geqslant 0$，得 $a^2-2xa+x^2-2e^x-8 \leqslant 0$。

解这个不等式，得 $x-\sqrt{2e^x+8} \leqslant a \leqslant x+\sqrt{2e^x+8}$。于是 $\left(x-\sqrt{2e^x+8}\right)_{\max} \leqslant a \leqslant \left(x+\sqrt{2e^x+8}\right)_{\min}$，从而有 $\ln 4-4 \leqslant a \leqslant \sqrt{10}$。

解法二：

令 $f(x)=2e^x-(x-a)^2+8$，则 $f'(x)=2(e^x-x+a)$，下面分情况讨论。

①若 $a>-1$，则 $f'(x)>0$，$f(x)$ 单调递增，最小值 $f(0)=10-a^2 \geqslant 0$。解这个不等式，得 $-\sqrt{10} \leqslant a \leqslant \sqrt{10}$，从而 $-1<a \leqslant \sqrt{10}$。

②若 $a \leqslant -1$，注意到 $f''(x)=2(e^x-1) \geqslant 0$，$f'(x)$ 单调递增且有唯一零点。

令 $f'(x)=0$，得 $a=x-e^x$，则 $f(x)$ 的最小值为 $2e^x-e^{2x}+8$。

解不等式 $2e^x-e^{2x}+8 \geqslant 0$，得 $0 \leqslant x \leqslant \ln 4$，于是 $a=x-e^x \in [\ln 4-4, -1]$。

综上，有 $\ln 4-4 \leqslant a \leqslant \sqrt{10}$。

（3）令 $f(x)=ax-\dfrac{1}{2}\ln(x+1)$，$g(x)=\dfrac{e^x-x-1}{e^x+x+1}$。

①若 $f(x) \geqslant 0$ 恒成立，求 a 的取值范围；

②若 $f(x) \geqslant g(x)$ 恒成立，求 a 的取值范围。

解：

①因 $f(0)=0$，原命题成立，当且仅当 $f(x)$ 在 $x=0$ 处取得最小值。

又 $f'(x)=a-\dfrac{1}{2(x+1)}$，令 $f'(0)=a-\dfrac{1}{2}=0$，得 $a=\dfrac{1}{2}$，有

$$f(x)=\dfrac{1}{2}x-\dfrac{1}{2}\ln(x+1),\quad f'(x)=\dfrac{1}{2}-\dfrac{1}{2(x+1)}=\dfrac{x}{2(x+1)}$$

如表 5-5 所示。

表 5-5 函数取值变化

x	$(-1,0)$	0	$(0,+\infty)$
$f'(x)$	$-$	0	$+$
$f(x)$	$+$	0	$+$

综上，$a=\dfrac{1}{2}$。

②令 $F(x)=f(x)-g(x)=ax-\dfrac{1}{2}\ln(x+1)-\dfrac{e^x-x-1}{e^x+x+1}$，则 $F(0)=0$。

原命题成立，当且仅当 $F(x)$ 在 $x=0$ 处取得最小值。

又 $F'(x)=a-\dfrac{1}{2(x+1)}-\dfrac{2xe^x}{(e^x+x+1)^2}$，

令 $F'(0)=a-\dfrac{1}{2}=0$，得 $a=\dfrac{1}{2}$，有

$$F(x)=\dfrac{1}{2}x-\dfrac{1}{2}\ln(x+1)-\dfrac{e^x-x-1}{e^x+x+1}$$

$$F'(x)=\dfrac{1}{2}-\dfrac{1}{2(x+1)}-\dfrac{2xe^x}{(e^x+x+1)^2}=\dfrac{x(e^x-x-1)^2}{2(x+1)(e^x+x+1)^2}$$

如表 5-6 所示。

表 5-6 函数取值变化

x	$(-1,0)$	0	$(0,+\infty)$
$F'(x)$	$-$	0	$+$
$F(x)$	$+$	0	$+$

综上，$a=\dfrac{1}{2}$。

（4）令 $f(x) = e^x + ax + \sin x$，$a \in \mathbb{R}$。

①证明：当 $a = -1$ 时，$f(x) > 0$ 恒成立；

②如果 $f(x)$ 是单调递增函数，求 a 的取值范围。

解：

①当 $a = -1$ 时，$f(x) = e^x - x + \sin x \geqslant e^x - x - 1$。

令 $g(x) = e^x - x - 1$，则 $g'(x) = e^x - 1$。令 $g'(x) = 0$，得 $x = 0$。

当 $x < 0$ 时，$g'(x) < 0$，$g(x)$ 单调递减；当 $x > 0$ 时，$g'(x) > 0$，$g(x)$ 单调递增。

故 $g(x)$ 在 $x = 0$ 处取得最小值，即 $g(x) \geqslant g(0)$，也就是 $g(x) \geqslant 0$，于是 $f(x) \geqslant 0$。

我们断言：$f(x) \neq 0$。

若存在 $x_0 \in \mathbb{R}$，使得 $f(x_0) = 0$，则 $g(x_0) = 0$，必有 $x_0 = 0$，而 $f(0) = 1 > 0$，矛盾。

故 $f(x) \neq 0$，$f(x) > 0$ 恒成立。

② $f'(x) = e^x + a + \cos x > a - 1$。

当 $a \geqslant 1$ 时，$f'(x) > 0$，$f(x)$ 单调递增。

当 $a < 1$ 时，令 $x = (2k-1)\pi$，则 $f'[(2k-1)\pi] = e^{(2k-1)\pi} + a - 1$。因 $\lim\limits_{k \to -\infty} e^{(2k-1)\pi} = 0$，故存在充分大 $M > 0$，使得当 $k < -M$ 时，$e^{(2k-1)\pi} + a - 1 < 0$，即 $f'[(2k-1)\pi] < 0$，此时 $f(x)$ 非单调递增。

综上，如果 $f(x)$ 是单调递增函数，则 $a \geqslant 1$。

5.3 培优练习三

一、试题

（1）已知函数 $f(x) = ax^2 + (1-a)x + \ln x - 1$，$g(x) = e^x + \dfrac{1}{2}x^2 - x - 1$。如果对任意的 $u \in (0, +\infty)$，$v \in (-\infty, +\infty)$，不等式 $f(u) \leqslant g(v)$ 恒成立，求 a 的取值范围。

（2）令 $f(x) = \dfrac{1}{x} - x + a\ln x$。

①若 $x \geqslant 1$ 时 $f(x) \leqslant 0$ 恒成立，求 a 的取值范围；

②若 $f(x)$ 存在两个极值点 x_1 和 x_2，证明：$\dfrac{f(x_1) - f(x_2)}{x_1 - x_2} < a - 2$。

（3）令 $f(x) = \sin^2 x \sin 2x$。

①讨论 $f(x)$ 在区间 $(0, \pi)$ 内的单调性；

②证明：$|f(x)| \leqslant \dfrac{3\sqrt{3}}{8}$；

③证明：$\sin^2 x \sin^2 4x \cdots \sin^2 2^n x \leqslant \dfrac{3^n}{4^n}$。

（4）若 $f(x) = ae^x + x^2 - 2x + 1$ 有两个极值点 x_1 和 x_2，且 $x_1 < x_2$，证明：$x_1 + x_2 > 4$。

二、培优练习三参考解答

（1）已知函数 $f(x) = ax^2 + (1-a)x + \ln x - 1$，$g(x) = e^x + \dfrac{1}{2}x^2 - x - 1$。如果对任意的 $u \in (0, +\infty)$，$v \in (-\infty, +\infty)$，不等式 $f(u) \leqslant g(v)$ 恒成立，求 a 的取值范围。

解：

由题设，知 $f(u)_{\max} \leqslant g(v)_{\min}$。

易得 $g(v)_{\min} = 0$，于是 $f(x) = ax^2 + (1-a)x + \ln x - 1 \leqslant 0$ 恒成立。

又 $f(1) = 0$，故 $f(x)$ 在 $x = 1$ 处取得最大值，必有 $f'(1) = 0$。

又 $f'(x) = 2ax + 1 - a + \dfrac{1}{x}$，故 $f'(1) = a + 2 = 0$，于是 $a = -2$。

经验证，$a = -2$。

（2）令 $f(x) = \dfrac{1}{x} - x + a\ln x$。

①若 $x \geqslant 1$ 时 $f(x) \leqslant 0$ 恒成立，求 a 的取值范围；

②若 $f(x)$ 存在两个极值点 x_1 和 x_2，证明：$\dfrac{f(x_1) - f(x_2)}{x_1 - x_2} < a - 2$。

解：

①因 $f(1) = 0$，故 $f(x)$ 在 $x = 1$ 处取得最大值，必有 $f'(1) = \lim\limits_{x \to 1} \dfrac{f(x) - f(1)}{x - 1} \leqslant 0$。

又 $f'(x) = -\dfrac{1}{x^2} - 1 + \dfrac{a}{x}$，故 $f'(1) = a - 2 \leqslant 0$，于是 $a \leqslant 2$。

当 $a \leqslant 2$ 时，$f(x) = \dfrac{1}{x} - x + a\ln x \leqslant \dfrac{1}{x} - x + 2\ln x$。

令 $g(x) = \dfrac{1}{x} - x + 2\ln x$，易证 $g(x)_{\max} = g(1) = 0$，于是 $f(x) \leqslant 0$ 恒成立。

综上，$a \leqslant 2$。

②因 $f'(x) = -\dfrac{1}{x^2} - 1 + \dfrac{a}{x} = -\dfrac{x^2 - ax + 1}{x^2}$，故 $f'(x) = 0 \Leftrightarrow x^2 - ax + 1 = 0$，于是 $f(x)$ 存在两个极值点 x_1 和 x_2 $\Leftrightarrow f'(x_1) = f'(x_2) = 0 \Leftrightarrow x^2 - ax + 1 = 0$ 有两个根 x_1 和 x_2，不妨令 $x_1 < x_2$。

又 $x^2 - ax + 1 = 0$ 有两个根 x_1 和 x_2，其判别式 $a^2 - 4 > 0$。因 x_1 和 x_2 均为正数，必有 $a > 2$。

注意到 $\dfrac{f(x_1) - f(x_2)}{x_1 - x_2} < a - 2 \Leftrightarrow \dfrac{1}{x_1} + (1-a)x_1 + a\ln x_1 > \dfrac{1}{x_2} + (1-a)x_2 + a\ln x_2$。

令 $g(x) = \dfrac{1}{x} + (1-a)x + a\ln x$，则 $g'(x) = \dfrac{(1-a)x^2 + ax - 1}{x^2} < 0$，于是函数 $g(x)$ 单调递减，有 $g(x_1) > g(x_2)$，即 $\dfrac{1}{x_1} + (1-a)x_1 + a\ln x_1 > \dfrac{1}{x_2} + (1-a)x_2 + a\ln x_2$，也就是 $\dfrac{f(x_1) - f(x_2)}{x_1 - x_2} < a - 2$。

（3）令 $f(x) = \sin^2 x \sin 2x$。

①讨论 $f(x)$ 在区间 $(0, \pi)$ 内的单调性；

②证明：$|f(x)| \leqslant \dfrac{3\sqrt{3}}{8}$；

③证明：$\sin^2 x \sin^2 2x \sin^2 4x \cdots \sin^2 2^n x \leqslant \dfrac{3^n}{4^n}$。

解：

①因 $f(x) = \sin^2 x \sin 2x = \sin x (\sin x \sin 2x)$，有

$f'(x) = \cos x (\sin x \sin 2x) + \sin x (\sin x \sin 2x)'$

$\quad\quad = 2\sin x \cos x \sin 2x + 2\sin^2 x \cos 2x$

$\quad\quad = 2\sin x \sin 3x$

当 $x \in \left(0, \dfrac{\pi}{3}\right) \cup \left(\dfrac{2\pi}{3}, \pi\right)$ 时，$f'(x) > 0$；当 $x \in \left(\dfrac{\pi}{3}, \dfrac{2\pi}{3}\right)$ 时，$f'(x) < 0$。

于是 $f(x)$ 在区间 $\left(0, \dfrac{\pi}{3}\right)$ 和 $\left(\dfrac{2\pi}{3}, \pi\right)$ 单调递增，在区间 $\left(\dfrac{\pi}{3}, \dfrac{2\pi}{3}\right)$ 单调递减。

②因 $f(0) = f(\pi) = 0$，由①知，$f(x)$ 在区间 $(0, \pi)$ 的最大值为 $f\left(\dfrac{\pi}{3}\right) = \dfrac{3\sqrt{3}}{8}$，最小值为 $f\left(\dfrac{2\pi}{3}\right) = -\dfrac{3\sqrt{3}}{8}$。注意到 $f(x)$ 是周期为 π 的函数，故 $|f(x)| \leqslant \dfrac{3\sqrt{3}}{8}$。

③因 $\left(\sin^2 x \sin^2 2x \sin^2 4x \cdots \sin^2 2^n x\right)^{\frac{3}{2}}$

$= \left|\sin^3 x \sin^3 2x \sin^3 4x \cdots \sin^3 2^n x\right|$

$= \left|\sin x\right|\left|\sin^2 x \sin^3 2x \sin^3 4x \cdots \sin^3 2^{n-1} x \sin 2^n x\right|\left|\sin^2 2^n x\right|$

$= \left|\sin x\right|\left|f(x)f(2x)\cdots f(2^{n-1}x)\right|\left|\sin^2 2^n x\right|$

$\leqslant \left|f(x)f(2x)\cdots f(2^{n-1}x)\right|$,

故 $\sin^2 x \sin^2 2x \sin^2 4x \cdots \sin^2 2^n x \leqslant \left(\dfrac{3\sqrt{3}}{8}\right)^{\frac{2n}{3}} = \dfrac{3^n}{4^n}$。

（4）$f(x) = ae^x + x^2 - 2x + 1$ 有两个极值点 x_1 和 x_2 且 $x_1 < x_2$，证明：$x_1 + x_2 > 4$。

解： $f'(x) = ae^x + 2x - 2$，令 $f'(x) = 0$，得 $a = \dfrac{2-2x}{e^x}$。

令 $g(x) = \dfrac{2-2x}{e^x}$，则 $g(x_1) = g(x_2)$。

又 $g'(x) = \dfrac{2x-4}{e^x}$，令 $g'(x) = 0$，得 $x = 2$。

当 $x < 2$ 时，$g'(x) < 0$，$g(x)$ 单调递减；当 $x > 2$ 时，$g'(x) > 0$，$g(x)$ 单调递增。

由上知，$x_1 < 2 < x_2$。

令 $h(x) = g(x) - g(4-x) = \dfrac{2-2x}{e^x} - \dfrac{2x-6}{e^{4-x}}$，则 $h'(x) = \dfrac{2(x-2)\left(e^{2-x} - e^{x-2}\right)}{e^2}$。

令 $h'(x) = 0$，得 $x = 2$。

当 $x < 2$ 时，$h'(x) < 0$，$h(x)$ 单调递减；当 $x > 2$ 时，$h'(x) < 0$，$h(x)$ 单调递减。

故 $h(x)$ 单调递减。

又 $x_1 < 2$，故 $h(x_1) > h(2)$，即 $g(x_1) - g(4-x_1) > 0$，故 $g(4-x_1) < g(x_1)$。

又 $g(x_1) = g(x_2)$，故 $g(4-x_1) < g(x_2)$。

又 $4-x_1, x_2 \in (2, +\infty)$，而 $g(x)$ 在 $(2, +\infty)$ 内单调递增，有 $4-x_1 < x_2$，即 $x_1 + x_2 > 4$。

5.4　培优练习四

一、试题

（1）令 $f(x) = ax - a - \ln x$，且 $f(x) \geqslant 0$ 恒成立。

①求 a 的取值范围；

②对任意正整数 n，$\left(1+\dfrac{1}{2}\right)\left(1+\dfrac{1}{2^2}\right)\cdots\left(1+\dfrac{1}{2^n}\right)<m$，求 m 的最小整数值。

（2）若 $f(x)=ax^3+bx^2-3x$ 在 $x=\pm 1$ 处取得极值。

①求 $f(x)$ 的解析式；

②证明：任取 $x_1,x_2\in[-1,1]$，有 $|f(x_1)-f(x_2)|\leqslant 4$；

③如果过点 $P(1,m)$ 可作曲线 $y=f(x)$ 的三条切线，求 m 的取值范围。

（3）令 $f(x)=x^3+bx+c$，曲线 $y=f(x)$ 在点 $\left(\dfrac{1}{2},f(\dfrac{1}{2})\right)$ 处的切线与 y 轴垂直。

①求 b；

②若 $f(x)$ 有一个绝对值不大于1的零点，证明：$f(x)$ 所有零点的绝对值都不大于1。

（4）定义在 $(0,+\infty)$ 上的函数 $f(x)$ 满足 $f(x)\geqslant 0$，且 $f(x)\ln x\leqslant f'(x)\leqslant 2f(x)\ln x$，这里 $f'(x)$ 是 $f(x)$ 的导函数。证明：

① $f(x)\equiv 0,x\in(0,1]$；

②若存在 $x_0\in(0,+\infty)$，使得 $f(x_0)\ne 0$，则对任意 $M>0$，存在 $x_M\in(0,+\infty)$，使得 $f(x_M)>M$。

二、培优练习四参考解答

（1）令 $f(x)=ax-a-\ln x$，且 $f(x)\geqslant 0$ 恒成立。

①求 a 的取值范围；

②对任意正整数 n，$\left(1+\dfrac{1}{2}\right)\left(1+\dfrac{1}{2^2}\right)\cdots\left(1+\dfrac{1}{2^n}\right)<m$，求 m 的最小整数值。

解：

①因 $f(1)=0$，故 $f(x)$ 在 $x=1$ 处取得最小值，必有 $f'(1)=0$。

又 $f'(x)=a-\dfrac{1}{x}$，故 $f'(1)=a-1=0$，于是 $a=1$，$f(x)=x-1-\ln x$。

经验证，当 $a=1$ 时，$f(x)\geqslant 0$ 恒成立。

故 $a=1$。

②显然，$\left(1+\dfrac{1}{2}\right)\left(1+\dfrac{1}{2^2}\right)\cdots\left(1+\dfrac{1}{2^n}\right)>\left(1+\dfrac{1}{2}\right)\left(1+\dfrac{1}{2^2}\right)\left(1+\dfrac{1}{2^3}\right)=\dfrac{135}{64}>2$。

又 $\ln\left(1+\dfrac{1}{2}\right)\left(1+\dfrac{1}{2^2}\right)\cdots\left(1+\dfrac{1}{2^n}\right)=\ln\left(1+\dfrac{1}{2}\right)+\ln\left(1+\dfrac{1}{2^2}\right)+\cdots+\ln\left(1+\dfrac{1}{2^n}\right)$。

由①，知 $\ln x \leqslant x-1$，当且仅当 $x=1$ 时等号成立，有 $\ln\left(1+\dfrac{1}{2^m}\right)<\dfrac{1}{2^m}$。

于是 $\ln\left(1+\dfrac{1}{2}\right)+\ln\left(1+\dfrac{1}{2^2}\right)+\cdots+\ln\left(1+\dfrac{1}{2^n}\right)<\dfrac{1}{2}+\dfrac{1}{2^2}+\cdots+\dfrac{1}{2^n}<1$，

从而 $\left(1+\dfrac{1}{2}\right)\left(1+\dfrac{1}{2^2}\right)\cdots\left(1+\dfrac{1}{2^n}\right)<\mathrm{e}$。

由上，有 $2<\left(1+\dfrac{1}{2}\right)\left(1+\dfrac{1}{2^2}\right)\cdots\left(1+\dfrac{1}{2^n}\right)<\mathrm{e}$。

综上，m 的最小整数值为 3。

（2）若 $f(x)=ax^3+bx^2-3x$ 在 $x=\pm 1$ 处取得极值。

①求 $f(x)$ 的解析式；

②证明：任取 $x_1, x_2 \in [-1,1]$，有 $|f(x_1)-f(x_2)|\leqslant 4$；

③如果过点 $P(1,m)$ 可作曲线 $y=f(x)$ 的三条切线，求 m 的取值范围。

解：

①因 $f'(x)=3ax^2+2bx-3$，故 $f'(\pm 1)=0$，即 $\begin{cases}3a+2b-3=0\\3a-2b-3=0\end{cases}$，有 $\begin{cases}a=1\\b=0\end{cases}$。

由上，知 $f(x)$ 的解析式为 $f(x)=x^3-3x$。

②当 $x\in[-1,1]$ 时，$f'(x)=3x^2-3\leqslant 0$，$f(x)$ 单调递减，有 $f(x)_{\max}=f(-1)=2$，$f(x)_{\min}=f(1)=-2$。

任取 $x_1, x_2 \in [-1,1]$，有 $|f(x_1)-f(x_2)|\leqslant |f(-1)-f(1)|$，即 $|f(x_1)-f(x_2)|\leqslant 4$。

③令切点为 $Q(t,f(t))$，则切线 PQ 的方程为 $y-f(t)=f'(t)(x-t)$。

因点 $P(1,m)$ 在切线 PQ 上，有 $m-f(t)=f'(t)(1-t)$，即 $2t^3-3t^2+3+m=0$。

因过点 $P(1,m)$ 可作曲线 $y=f(x)$ 的三条切线，故方程 $2t^3-3t^2+3+m=0$ 有三个根。

令 $g(t)=2t^3-3t^2+3+m$，则 $g'(t)=6t^2-6t$。

令 $g'(t)=0$，得 $t=0$ 或 $t=1$。

如表 5-7 所示。

表 5-7 函数取值变化

t	$(-\infty,0)$	0	$(0,1)$	1	$(1,+\infty)$
$g'(t)$	+	0	−	0	+
$g(t)$	单调递增 负变正 有零点	+	单调递减 正变负 有零点	−	单调递增 负变正 有零点

由上表，知 $g(0)=m+3>0$，$g(1)=m+2<0$，故 $-3<m<-2$。

（3）令 $f(x)=x^3+bx+c$，曲线 $y=f(x)$ 在点 $\left(\dfrac{1}{2},f(\dfrac{1}{2})\right)$ 处的切线与 y 轴垂直。

①求 b；

②若 $f(x)$ 有一个绝对值不大于1的零点，证明：$f(x)$ 所有零点的绝对值都不大于1。

解：

① $f'(x)=3x^2+b$，有 $f'\left(\dfrac{1}{2}\right)=\dfrac{3}{4}+b=0$，故 $b=-\dfrac{3}{4}$。

②由①，知 $f(x)=x^3-\dfrac{3}{4}x+c$，$f'(x)=3x^2-\dfrac{3}{4}$。

令 $f'(x)=0$，得 $x=-\dfrac{1}{2}$ 或 $x=\dfrac{1}{2}$。

如表 5-8 所示。

表 5-8 函数取值变化

x	$\left(-\infty,-\dfrac{1}{2}\right)$	$-\dfrac{1}{2}$	$\left(-\dfrac{1}{2},\dfrac{1}{2}\right)$	$\dfrac{1}{2}$	$\left(\dfrac{1}{2},+\infty\right)$
$f'(x)$	+	0	−	0	+
$f(x)$	单调递增	$c+\dfrac{1}{4}$	单调递减	$c-\dfrac{1}{4}$	单调递增

因 $f(1)=f\left(-\dfrac{1}{2}\right)=c+\dfrac{1}{4}$，故 $c<-\dfrac{1}{4}$ 时，$f(x)$ 仅有大于1的零点；

因 $f(-1)=f\left(\dfrac{1}{2}\right)=c-\dfrac{1}{4}$，故 $c>\dfrac{1}{4}$ 时，$f(x)$ 仅有小于 -1 的零点。

由上知 $-\dfrac{1}{4}\leqslant c\leqslant\dfrac{1}{4}$。

当 $c=-\dfrac{1}{4}$ 时，$f(x)$ 仅有两个零点 $-\dfrac{1}{2}$ 和 1；

当 $c=\dfrac{1}{4}$ 时，$f(x)$ 仅有两个零点 -1 和 $\dfrac{1}{2}$；

当 $-\dfrac{1}{4} < c < \dfrac{1}{4}$，$f(x)$ 有三个零点 x_1, x_2, x_3，其中 $x_1 \in \left(-1, -\dfrac{1}{2}\right)$，$x_2 \in \left(-\dfrac{1}{2}, \dfrac{1}{2}\right)$，$x_3 \in \left(\dfrac{1}{2}, 1\right)$。

综上，若 $f(x)$ 有一个绝对值不大于 1 的零点，则 $f(x)$ 所有零点的绝对值都不大于 1。

（4）定义在 $(0, +\infty)$ 上的函数 $f(x)$ 满足 $f(x) \geqslant 0$，且 $f(x)\ln x \leqslant f'(x) \leqslant 2f(x)\ln x$，这里 $f'(x)$ 是 $f(x)$ 的导函数。证明：

① $f(x) \equiv 0, x \in (0, 1]$；

② 若存在 $x_0 \in (0, +\infty)$，使得 $f(x_0) \neq 0$，则对任意 $M > 0$，存在 $x_M \in (0, +\infty)$，使得 $f(x_M) > M$。

证明第一小题：

当 $x \in (0, 1)$ 时，有 $\ln x < 0$。由 $f(x)\ln x \leqslant 2f(x)\ln x$，得 $f(x) \leqslant 0$。又 $f(x) \geqslant 0$，故 $f(x) = 0$，从而 $f'(x) = 0$，$x \in (0, 1)$。

任取 $x \in (0, 1)$，存在 $y \in (x, 1)$，使得 $f(1) = f(1) - f(x) = f'(y)(1-x) = 0$。

由上，知 $f(x) \equiv 0, x \in (0, 1]$。

证明第二小题：

若存在 $x_0 \in (0, +\infty)$，使得 $f(x_0) \neq 0$，则必有 $f(x_0) > 0$，$x_0 \in (1, +\infty)$。

当 $x \in (x_0, +\infty)$ 时，有 $f'(x) \geqslant f(x)\ln x \geqslant 0$，于是 $f(x)$ 在 $(x_0, +\infty)$ 内单调不减，从而有 $f(x) \geqslant f(x_0)$，$f'(x) \geqslant f(x_0)\ln x_0 > 0$。

令 $c = f(x_0)\ln x_0$，$F(x) = f(x) - cx$，则 $F'(x) = f'(x) - c \geqslant 0$，于是 $F(x)$ 在 $(x_0, +\infty)$ 内单调不减，有 $F(x) \geqslant F(x_0)$，即 $f(x) - cx \geqslant f(x_0) - cx_0$，有 $f(x) \geqslant f(x_0) - cx_0 + cx$。

对任意 $M > 0$，取 $x_M > \max\left\{\dfrac{M - f(x_0) + cx_0}{c}, x_0\right\}$，则 $x_M \in (x_0, +\infty) \subset (0, +\infty)$，有 $f(x_0) - cx_0 + cx > M$，于是 $f(x_M) > M$。

5.5　培优练习五

一、试题

（1）令 $f(x) = e^x + \sin x + ax + b$，$a, b \in \mathbb{R}$。

①如果 $f(x)$ 是单调递增函数，求 a 的取值范围；

②当 a 和 b 满足什么条件时，$f(x)>0$ 恒成立？

（2）令 $f(x)=x(e^x-1)$。

①讨论 $f(x)$ 的单调性；

②如果 $f(x)=f(y)$，$x\leqslant 0\leqslant y$，证明：$2x+2y-xy\geqslant 0$。

（3）已知 $f(x)=(x-1)\ln x$。

①求 $f(x)$ 的单调区间；

②令 $m=f(x_1)=f(x_2)$，$0<x_1\leqslant 1\leqslant x_2$，证明：$x_1+x_2\leqslant 2+\dfrac{m}{2}$。

（4）若 $f(x)=ae^x-x^3+3x^2-5x+1$ 有四个零点，求 a 的取值范围。

二、培优练习五参考解答

（1）令 $f(x)=e^x+\sin x+ax+b$，$a,b\in\mathbb{R}$。

①如果 $f(x)$ 是单调递增函数，求 a 的取值范围；

②当 a 和 b 满足什么条件时，$f(x)>0$ 恒成立？

解：

①因 $f(x)=e^x+\sin x+ax+b$，故 $f'(x)=e^x+\cos x+a>a-1$。

当 $a\geqslant 1$ 时，$f'(x)>0$，$f(x)$ 单调递增。

当 $a<1$ 时，令 $x=(2k+1)\pi$，则 $f'((2k+1)\pi)=e^{(2k+1)\pi}+a-1$。

因 $\lim\limits_{k\to-\infty}e^{(2k+1)\pi}=0$，故存在充分大 $M>0$，使得当 $k<-M$ 时，$e^{(2k+1)\pi}+a-1<0$，即 $f'((2k+1)\pi)<0$，此时 $f(x)$ 非单调递增。

综上所述，如果 $f(x)$ 是单调递增函数，则 $a\geqslant 1$。

②当 $a>0$ 时，$\lim\limits_{x\to-\infty}f(x)=-\infty$，$f(x)>0$ 不能恒成立。

当 $a=0$ 时，$f(x)=e^x+\sin x+b>b-1$，$f(x)>0$ 恒成立当且仅当 $b\geqslant 1$。这是因为，当 $b<1$ 时，令 $x=2k\pi-\dfrac{\pi}{2}$，则 $f(2k\pi-\dfrac{\pi}{2})=e^{2k\pi-\frac{\pi}{2}}+b-1$。因 $\lim\limits_{k\to-\infty}e^{2k\pi-\frac{\pi}{2}}=0$，故存在充分大 $M>0$，使得当 $k<-M$ 时，$e^{2k\pi-\frac{\pi}{2}}+b-1<0$，即 $f(2k\pi-\dfrac{\pi}{2})<0$，此时 $f(x)>0$ 不能恒成立。

当 $a<0$ 时，$f(x)=e^x+\sin x+ax+b\geqslant e^x+ax+b-1$。

令 $g(x) = e^x + ax + b - 1$，则 $g'(x) = e^x + a$，$g'(x)$ 有唯一零点 $x = \ln(-a)$ 为 $g(x)$ 的最小值点，$g(x)_{\min} = b - 1 - a + a\ln(-a)$，则 $f(x) > 0$ 恒成立当且仅当 $g(x)_{\min} > 0$，也就是 $b > 1 + a - a\ln(-a)$。这是因为，当 $b \leqslant 1 + a - a\ln(-a)$ 时，令 $x = \ln(-a)$，$f(\ln(-a)) = \sin(\ln(-a)) + 1$。因 a 的取值仅有限制条件 $a < 0$，可令 $\ln(-a) = -\dfrac{\pi}{2}$ 即 $a = -e^{-\frac{\pi}{2}}$，此时有 $f(\ln(-a)) = 0$，$f(x) > 0$ 不能恒成立。

综上所述，有如下结论：

当 $a > 0$ 时，$f(x) > 0$ 不能恒成立；

当 $a = 0$ 且 $b \geqslant 1$ 时，$f(x) > 0$ 恒成立；

当 $a < 0$ 且 $b > 1 + a - a\ln(-a)$ 时，$f(x) > 0$ 恒成立。

（2）令 $f(x) = x(e^x - 1)$。

①讨论 $f(x)$ 的单调性；

②如果 $f(x) = f(y)$，$x \leqslant 0 \leqslant y$，证明：$2x + 2y - xy \geqslant 0$。

解：

①因 $f(x) = x(e^x - 1)$，故 $f'(x) = (x+1)e^x - 1$。

当 $x \in (-\infty, 0)$ 时，$f'(x) < 0$，$f(x)$ 单调递减；

当 $x \in (0, +\infty)$ 时，$f'(x) > 0$，$f(x)$ 单调递增。

②当 $y = 0$ 时，必有 $x = 0$，于是 $2x + 2y - xy = 0$。

当 $y \geqslant 2$ 时，有 $2x + 2y - xy \geqslant 4$。

以下假设 $0 < y < 2$。

$2x + 2y - xy \geqslant 0$

$\Leftrightarrow x \geqslant \dfrac{2y}{y-2}$

$\Leftrightarrow y(e^y - 1) = x(e^x - 1) \leqslant \dfrac{2y}{y-2}\left(e^{\frac{2y}{y-2}} - 1\right)$

$\Leftrightarrow e^y - 1 \leqslant \dfrac{2}{y-2}\left(e^{\frac{2y}{y-2}} - 1\right)$

$\Leftrightarrow \left[(y-2)e^y - y + 4\right]e^{\frac{2y}{2-y}} - 2 \geqslant 0$

令 $f(y) = \left[(y-2)e^y - y + 4\right]e^{\frac{2y}{2-y}} - 2$，则 $f'(y) = \dfrac{e^{\frac{2y}{2-y}}}{(y-2)^2}\left[(y^3 - 5y^2 + 12y - 12)e^y - y^2 + 12\right]$。

令 $g(y) = (y^3 - 5y^2 + 12y - 12)e^y - y^2 + 12$，则 $g'(y) = y\left[(y^2 - 2y + 2)e^y - 2\right]$。

令 $h(y) = (y^2 - 2y + 2)e^y - 2$，则 $h'(y) = y^2 e^y > 0$，于是

$h'(y) > 0 \Rightarrow h(y)\uparrow \Rightarrow h(y) > h(0) = 0$

$\Rightarrow g'(y) > 0 \Rightarrow g(y)\uparrow \Rightarrow g(y) > g(0) = 0$

$\Rightarrow f'(y) > 0 \Rightarrow f(y)\uparrow \Rightarrow f(y) > f(0) = 0$

综上命题得证。

（3）已知 $f(x) = (x-1)\ln x$。

①求 $f(x)$ 的单调区间；

②令 $m = f(x_1) = f(x_2)$，$0 < x_1 \leqslant 1 \leqslant x_2$，证明：$x_1 + x_2 \leqslant 2 + \dfrac{m}{2}$。

解：

①因 $f(x) = (x-1)\ln x$，故 $f'(x) = \dfrac{x\ln x + x - 1}{x}$。

当 $x \in (0,1)$ 时，$f'(x) < 0$，$f(x)$ 单调递减；

当 $x \in (1,+\infty)$ 时，$f'(x) > 0$，$f(x)$ 单调递增。

②当 $x_1 = x_2$ 时，有 $x_1 = x_2 = 1$，$m = 0$，命题成立。若 $0 < x_1 < 1 < x_2$，则 $m > 0$。

$x_1 + x_2 < 2 + \dfrac{m}{2}$

$\Leftrightarrow (x_1 - 1) + (x_2 - 1) < \dfrac{m}{2}$

$\Leftrightarrow \dfrac{x_1 - 1}{m} + \dfrac{x_2 - 1}{m} < \dfrac{1}{2}$

$\Leftrightarrow \dfrac{1}{\ln x_1} + \dfrac{1}{\ln x_2} < \dfrac{1}{2}$

$\Leftrightarrow 2\ln x_1 + 2\ln x_2 - \ln x_1 \ln x_2 > 0$

$\Leftrightarrow 2t_1 + 2t_2 - t_1 t_2 > 0$

这里 $t_1 = \ln x_1$，$t_2 = \ln x_2$。当 $x_1 = x_2 = 1$ 时，有 $t_1 = t_2 = 0$，则 $2t_1 + 2t_2 - t_1 t_2 = 0$。

令 $t = \ln x$，则 $f(x) = (x-1)\ln x$ 转化为 $g(t) = t(e^t - 1)$。

综上，$m = f(x_1) = f(x_2)$，$0 < x_1 \leq 1 \leq x_2$，证明 $x_1 + x_2 \leq 2 + \dfrac{m}{2}$，可转化如下：

$g(t) = t(e^t - 1)$，$g(t_1) = g(t_2)$，$t_1 \leq 0 \leq t_2$，证明：$2t_1 + 2t_2 - t_1 t_2 \geq 0$。

由第 2 题②，知 $2t_1 + 2t_2 - t_1 t_2 \geq 0$ 成立，故原命题得证。

（4）若 $f(x) = ae^x - x^3 + 3x^2 - 5x + 1$ 有四个零点，求 a 的取值范围。

解：

$ae^x - x^3 + 3x^2 - 5x + 1 = 0 \Leftrightarrow (-x^3 + 3x^2 - 5x + 1)e^{-x} + a = 0$。

令 $x = -t$，则 $(-x^3 + 3x^2 - 5x + 1)e^{-x} + a = 0 \Leftrightarrow (t^3 + 3t^2 + 5t + 1)e^t + a = 0$。

令 $g(t) = (t^3 + 3t^2 + 5t + 1)e^t + a$，则 $g(t)$ 有四个零点。

又 $g'(t) = (t+1)(t+2)(t+3)e^t$，令 $g'(t) = 0$，得 $t = -1, -2, -3$。如表 5-9 所示。

表 5-9 函数取值变化

t	$(-\infty, -3)$	-3	$(-3, -2)$	-2	$(-2, -1)$	-1	$(-1, +\infty)$
$g'(t)$	$-$	0	$+$	0	$-$	0	$+$
$g(t)$	单调递减 正变负 有零点	$-$	单调递增 负变正 有零点	$+$	单调递减 正变负 有零点	$-$	单调递增 负变正 有零点

由上表，知

$g(-\infty) = a > 0$，$g(-3) = a - \dfrac{14}{e^3} < 0$，$g(-2) = a - \dfrac{5}{e^2} > 0$，$g(-1) = a - \dfrac{2}{e} < 0$

故 $\dfrac{5}{e^2} < a < \dfrac{14}{e^3}$。

5.6 培优练习六

一、试题

（1）令 $f(x) = e^x - ax + 1$。若在区间 $[0, 2]$ 上存在实数 m 和 n，且 $|m - n| \geq 1$，使得 $f(m) = f(n)$，求 a 的取值范围。

（2）若不等式 $\ln x \geq \dfrac{k(x-1)}{x+1}$ 对任意 $x \in [1, +\infty)$ 恒成立。

①求实数 k 的取值范围；

②已知 $f(x) = \dfrac{\ln x}{x}$，如果 $f(x_1) = f(x_2) = m$ 且 $x_1 < x_2$，证明 $x_1 + x_2 > \dfrac{3}{m} - e$。

（3）解方程 $x = \sqrt{2+\sqrt{2+\sqrt{\cdots+\sqrt{2+x}}}}$，要有详细的解题过程。

（4）令 $a_1 = c, a_2 = \sqrt{2+c}, \cdots, a_{n+1} = \sqrt{2+a_n}, \cdots$

①若数列 $\{a_n\}$ 单调递增，求 c 的取值范围；

②在①的条件下，证明：任给 $\varepsilon > 0$，存在 $N > 0$，使得 $n > N$ 时，有 $0 < 2 - a_n < \varepsilon$。

二、培优练习六参考解答

（1）令 $f(x) = e^x - ax + 1$。若在区间 $[0,2]$ 上存在实数 m 和 n，且 $|m-n| \geq 1$，使得 $f(m) = f(n)$，求 a 的取值范围。

解：

由 $f(m) = f(n)$，得 $a = \dfrac{e^m - e^n}{m - n}$，这里 $m, n \in [0, 2]$，$|m-n| \geq 1$。不妨令 $m - n \geq 1$。

因 $a'_m = \dfrac{(m-n-1)e^m + e^n}{(m-n)^2} > 0$，故 $m \uparrow \Rightarrow a \uparrow$。

又 $a'_n = \dfrac{e^m - e^n(m-n+1)}{(m-n)^2} = \dfrac{e^n[e^{m-n} - 1 - (m-n)]}{(m-n)^2} > 0$，故 $n \uparrow \Rightarrow a \uparrow$。

注意到 $m, n \in [0, 2]$，$m - n \geq 1$，有

当 $m = 2, n = 1$ 时，$a_{\max} = e^2 - e$；

当 $m = 1, n = 0$ 时，$a_{\min} = e - 1$。

综上，有 $e - 1 \leq a \leq e^2 - e$。

（2）若不等式 $\ln x \geq \dfrac{k(x-1)}{x+1}$ 对任意 $x \in [1, +\infty)$ 恒成立。

①求实数 k 的取值范围；

②已知 $f(x) = \dfrac{\ln x}{x}$，如果 $f(x_1) = f(x_2) = m$ 且 $x_1 < x_2$，证明 $x_1 + x_2 > \dfrac{3}{m} - e$。

解：

① $k \leq \lim\limits_{x \to 1} \dfrac{(x+1)\ln x}{x - 1} = \lim\limits_{x \to 1}\left(\ln x + \dfrac{x+1}{x}\right) = 2$。

②显然，$1 < x_1 < e < x_2$，有

$$x_1 + x_2 > \frac{3}{m} - e$$
$$\Leftrightarrow mx_1 + mx_2 + me - 3 > 0$$
$$\Leftrightarrow (mx_1 + mx_2 + me - 3)(x_1 - x_2) < 0$$
$$\Leftrightarrow mx_1^2 + mex_1 - 3x_1 < mx_2^2 + mex_2 - 3x_2$$
$$\Leftrightarrow x_1\ln x_1 + e\ln x_1 - 3x_1 < x_2\ln x_2 + e\ln x_2 - 3x_2$$

令 $g(x) = x\ln x + e\ln x - 3x$，证明 $g(x)$ 单调递增即可。

因 $g'(x) = \ln x + \frac{e}{x} - 2$，$g''(x) = \frac{x-e}{x^2}$，$g'(x)$ 在 $x = e$ 处取得最小值 $g'(x)_{\min} = g'(e) = 0$，从而 $g'(x) \geqslant 0$，仅在 $x = e$ 处为零，于是 $g(x)$ 单调递增，有 $g(x_1) < g(x_2)$。

综上，原命题得证。

双变元问题解决之道——化双为单：

a. 把一个变元表为另一个变元的函数。

已知 $F(x,y) \vee 0$，若 $y = g(x)$，令 $H(x) = F(x, g(x))$。

b. 把两个变元进行恰当的组合，构造一个新的变元。

已知 $F(x,y) \vee 0$，若 $t = g(x,y)$，令 $H(t) = H(g(x,y)) = F(x,y)$。

c. 给出两个变元的参数表达式。

已知 $F(x,y) \vee 0$，若 $x = u(t)$，$y = v(t)$，令 $H(t) = F(u(t), v(t))$。

d. 构造同构式。

已知 $F(x,y) \vee 0$，若 $F(x,y) \vee 0 \Rightarrow g(x) \vee g(y)$，则研究 $g(t)$ 的单调性。

e. 求二元函数偏导数。

已知 $F(x,y) \vee 0$，计算 $\frac{\partial F}{\partial x}$ 和 $\frac{\partial F}{\partial y}$，判断 $F(x,y)$ 对 x 和 y 的单调性。

f. 利用隐函数求导。

已知 $F(x,y) = 0$，若 $x \xleftrightarrow{1-1} y$，则把 y 看作 x 的函数。计算出 $\frac{\partial F}{\partial x}$ 和 $\frac{\partial F}{\partial y} \neq 0$，那么 $y' = -\frac{\partial F}{\partial x} \Big/ \frac{\partial F}{\partial y}$。

（3）解方程 $x = \sqrt{2 + \sqrt{2 + \sqrt{\cdots + \sqrt{2+x}}}}$，要有详细的解题过程。

解法一：

令 $f_1(x) = \sqrt{2+x}$，$f_{k+1}(x) = f_1(f_k(x)) = \sqrt{2+f_k(x)}$，则 $f_{k+1}'(x) < \dfrac{f_k'(x)}{2\sqrt{2}}$，原方程为 $x = f_n(x)$，且 $f_n'(x) < \dfrac{1}{(2\sqrt{2})^n}$。

令 $F(x) = x - f_n(x)$，则 $F(1) < 0$，$F(2) = 0$，$F(3) > 0$（$f_1(3) < 3 \Rightarrow f_2(3) < 3 \Rightarrow \cdots f_n(3) < 3$），$F'(x) = 1 - f_n'(x) > 1 - \dfrac{1}{(2\sqrt{2})^n} > 0$，于是 $F(x)$ 在 $(0, +\infty)$ 内单调递增并且有唯一零点 $x = 2$。

原方程的解为 $x = 2$。

解法二：

令 $f_1(x) = \sqrt{2+x}$，$f_{k+1}(x) = f_1(f_k(x)) = \sqrt{2+f_k(x)}$，则原方程为 $x = f_n(x)$，$f_1(x), \cdots, f_n(x)$ 在 $(0, +\infty)$ 内单调递增。

若 $f_1(x) < x$，则 $f_2(x) < f_1(x) < x \Rightarrow \cdots \Rightarrow f_n(x) < f_{n-1}(x) < \cdots < f_1(x) < x \Rightarrow f_n(x) < x$，矛盾。

若 $f_1(x) > x$，则 $f_2(x) > f_1(x) > x \Rightarrow \cdots \Rightarrow f_n(x) > f_{n-1}(x) > \cdots > f_1(x) > x \Rightarrow f_n(x) > x$，矛盾。

由上知，$f_n(x) = x \Rightarrow f_1(x) = x \Rightarrow \sqrt{2+x} = x \Rightarrow x = 2$。

原方程的解为 $x = 2$。

解法三：

令 $f_1(x) = \sqrt{2+x}$，$f_{k+1}(x) = f_1(f_k(x)) = \sqrt{2+f_k(x)}$，则原方程为 $x = f_n(x)$，$f_1(x), \cdots, f_n(x)$ 在 $(0, +\infty)$ 内单调递增。

容易看出，$x = 2$ 为原方程的一个解。下证原方程仅有解 $x = 2$。

若 $x \in (0, 2)$，令 $x = 2\cos\theta, \theta \in \left(0, \dfrac{\pi}{2}\right)$，则

$$f_1(x) = \sqrt{2 + 2\cos\theta} = 2\cos\dfrac{\theta}{2}$$

$$f_2(x) = \sqrt{2 + 2\cos\dfrac{\theta}{2}} = 2\cos\dfrac{\theta}{2^2}$$

$$\cdots$$

$$f_n(x) = \sqrt{2 + 2\cos\dfrac{\theta}{2^{n-1}}} = 2\cos\dfrac{\theta}{2^n}$$

于是 $2\cos\theta = 2\cos\dfrac{\theta}{2^n}$，$\theta = \dfrac{\theta}{2^n}$，$\theta = 0$，与 $\theta \in \left(0, \dfrac{\pi}{2}\right)$ 矛盾。

若 $x \in (2, +\infty)$，令 $x = \dfrac{2}{\cos\theta}, \theta \in \left(0, \dfrac{\pi}{2}\right)$，则

$$f_1(x) = \sqrt{2 + \dfrac{2}{\cos\theta}} = \dfrac{2\cos\dfrac{\theta}{2}}{\sqrt{\cos\theta}},$$

$$f_2(x) = \sqrt{2 + \dfrac{2\cos\dfrac{\theta}{2}}{\sqrt{\cos\theta}}} = \sqrt{\dfrac{2\sqrt{\cos\theta} + 2\cos\dfrac{\theta}{2}}{\sqrt{\cos\theta}}} < \sqrt{\dfrac{2 + 2\cos\dfrac{\theta}{2}}{\sqrt{\cos\theta}}} = \dfrac{2\cos\dfrac{\theta}{2^2}}{\sqrt[2^2]{\cos\theta}},$$

...

$$f_n(x) < \sqrt{2 + \dfrac{2\cos\dfrac{\theta}{2^{n-1}}}{\sqrt[2^{n-1}]{\cos\theta}}} = \sqrt{\dfrac{2^{2^{n-1}}\sqrt{\cos\theta} + 2\cos\dfrac{\theta}{2^{n-1}}}{\sqrt[2^{n-1}]{\cos\theta}}} < \sqrt{\dfrac{2 + 2\cos\dfrac{\theta}{2^{n-1}}}{\sqrt[2^{n-1}]{\cos\theta}}} = \dfrac{2\cos\dfrac{\theta}{2^n}}{\sqrt[2^n]{\cos\theta}},$$

于是 $\dfrac{2}{\cos\theta} < \dfrac{2\cos\dfrac{\theta}{2^n}}{\sqrt[2^n]{\cos\theta}}$，有 $\cos\dfrac{\theta}{2^n}(\cos\theta)^{1-\frac{1}{2^n}} > 1$。

又 $\theta \in \left(0, \dfrac{\pi}{2}\right)$，故 $\cos\theta, \cos\dfrac{\theta}{2^n} \in (0,1)$，于是 $\cos\dfrac{\theta}{2^n}(\cos\theta)^{1-\frac{1}{2^n}} < 1$，矛盾。

综上，原方程仅有解 $x = 2$。

（4）令 $a_1 = c, a_2 = \sqrt{2+c}, \cdots, a_{n+1} = \sqrt{2+a_n}, \cdots$

①若数列 $\{a_n\}$ 单调递增，求 c 的取值范围；

②在①的条件下，证明：任给 $\varepsilon > 0$，存在 $N > 0$，使得 $n > N$ 时，有 $0 < 2 - a_n < \varepsilon$。

解第一小题：

因数列 $\{a_n\}$ 单调递增，故 $a_1 < a_2$，即 $c < \sqrt{2+c}$，有 $-2 \leqslant c < 2$。

令 $c = 2\cos\theta, \theta \in (0, \pi]$，则

$$a_2 = \sqrt{2 + 2\cos\theta} = 2\cos\dfrac{\theta}{2}$$

$$a_3 = \sqrt{2 + 2\cos\dfrac{\theta}{2}} = 2\cos\dfrac{\theta}{2^2}$$

...

$$a_n = \sqrt{2 + 2\cos\dfrac{\theta}{2^{n-2}}} = 2\cos\dfrac{\theta}{2^{n-1}}$$

$$a_{n+1} = \sqrt{2 + 2\cos\frac{\theta}{2^{n-1}}} = 2\cos\frac{\theta}{2^n}$$

注意到 $\theta \in (0, \pi]$，有 $2\cos\frac{\theta}{2^{n-1}} < 2\cos\frac{\theta}{2^n}$，即 $a_n < a_{n+1}$，数列 $\{a_n\}$ 单调递增。

由上，知 $-2 \leqslant c < 2$。

解第二小题：

因数列 $\{a_n\}$ 单调递增，有 $-2 \leqslant c < 2$。

令 $c = 2\cos\theta, \theta \in (0, \pi]$，有 $a_n = 2\cos\frac{\theta}{2^{n-1}}$。

因 $2 - a_n = 2 - 2\cos\frac{\theta}{2^{n-1}} = 2\left(1 - \cos\frac{\theta}{2^{n-1}}\right) = 4\sin^2\frac{\theta}{2^n}$，故 $2 - a_n > 0$ 成立。

注意到 $|\sin x| \leqslant |x|$，故 $2 - a_n \leqslant \frac{\theta^2}{2^{2n-2}} \leqslant \frac{\pi^2}{2^{2n-2}}$。

任给 $\varepsilon > 0$，欲使 $2 - a_n < \varepsilon$，只需 $\frac{\pi^2}{2^{2n-2}} < \varepsilon$ 即可。

由 $\frac{\pi^2}{2^{2n-2}} < \varepsilon$，得 $n > 1 + \frac{1}{2}\log_2\frac{\pi^2}{\varepsilon}$，取 $N = \max\left\{1, 1 + \frac{1}{2}\log_2\frac{\pi^2}{\varepsilon}\right\}$。

任给 $\varepsilon > 0$，存在 $N > 0$，使得 $n > N$ 时，有 $0 < 2 - a_n < \frac{\pi^2}{2^{2n-2}} < \varepsilon$，命题得证。

5.7 培优练习七

一、试题

第一类：分式线性递归数列类试题。

已知数列 $\{a_n\}$ 中，$a_1 = 1$，$a_{n+1} = c - \frac{1}{a_n}$。

（1）设 $c = \frac{5}{2}$，$b_n = \frac{1}{a_n - 2}$，求数列 $\{b_n\}$ 的通项公式；

（2）求使不等式 $a_n < a_{n+1} < 3$ 成立的 c 的取值范围。

第二类：新定义类试题。

令 $\alpha \in \mathbb{C}$。称 α 为代数数，如果存在不全为零的整数 $a_0, a_1, \cdots, a_n$，使得

$$a_0 + a_1\alpha + \cdots + a_n\alpha^n = 0,$$

否则称 α 为超越数。例如，$\sqrt{2}$ 和 $\sqrt[3]{3}+\sqrt[5]{5}$ 是代数数，而 π 和 e 是超越数。

（1）$\sqrt{2}+\sqrt{3}$ 是不是代数数？

（2）证明：$\tan 1°$ 是代数数。

二、培优练习七参考解答

第一类：分式线性递归数列类试题。

已知数列 $\{a_n\}$ 中，$a_1=1$，$a_{n+1}=c-\dfrac{1}{a_n}$。

（1）设 $c=\dfrac{5}{2}$，$b_n=\dfrac{1}{a_n-2}$，求数列 $\{b_n\}$ 的通项公式；

（2）求使不等式 $a_n < a_{n+1} < 3$ 成立的 c 的取值范围。

解：

（1）$a_{n+1}-2=\dfrac{5}{2}-\dfrac{1}{a_n}-2=\dfrac{a_n-2}{2a_n}$，$\dfrac{1}{a_{n+1}-2}=\dfrac{2a_n}{a_n-2}=\dfrac{4}{a_n-2}+2$，即

$b_{n+1}=4b_n+2$，于是 $b_{n+1}+\dfrac{2}{3}=4\left(b_n+\dfrac{2}{3}\right)$。

又 $a_1=1$，故 $b_1=\dfrac{1}{a_1-2}=-1$，从而 $\left\{b_n+\dfrac{2}{3}\right\}$ 是首项为 $-\dfrac{1}{3}$、公比为 4 的等比数列，有

$b_n+\dfrac{2}{3}=-\dfrac{1}{3}\times 4^{n-1}$，于是 $b_n=-\dfrac{4^{n-1}}{3}-\dfrac{2}{3}$。

（2）因 $a_1=1$，故 $a_2=c-1$。

若 $a_{n+1}>a_n$，则 $a_2>a_1$，得 $c>2$。

反之，下面用数学归纳法证明：当 $c>2$ 时，有 $a_{n+1}>a_n$。

① 当 $n=1$ 时，$a_2=c-\dfrac{1}{a_1}>a_1$，命题成立。

② 假设 $n=k$ 时，$a_{k+1}>a_k$；则 $n=k+1$ 时，$a_{k+2}=c-\dfrac{1}{a_{k+1}}>c-\dfrac{1}{a_k}=a_{k+1}$。

由①②，知 $c>2$ 时，有 $a_{n+1}>a_n$。

由上，知 $c>2 \Leftrightarrow \{a_n\}$ 为单调递增数列。

若 $a_n<a_{n+1}<3$，则 $\{a_n\}$ 为单调递增有界数列，其极限存在。

令 $a=\lim\limits_{n\to +\infty} a_n$，由 $a_n<3$，知 $\lim\limits_{n\to +\infty} a_n \leq 3$，即 $a\leq 3$。

由 $a_{n+1}=c-\dfrac{1}{a_n}$,得 $\lim\limits_{n\to+\infty}a_{n+1}=\lim\limits_{n\to+\infty}\left(c-\dfrac{1}{a_n}\right)$,即 $a=c-\dfrac{1}{a}$,于是 $c=a+\dfrac{1}{a}\leqslant\dfrac{10}{3}$(函数 $a+\dfrac{1}{a}$ 在 $[1,3]$ 上单调递增)。

又 $a_{n+1}>a_n\Rightarrow c>2$,故 $2<c\leqslant\dfrac{10}{3}$。

反之,若 $2<c\leqslant\dfrac{10}{3}$,则 $c>2\Rightarrow a_{n+1}>a_n$。由 $a_{n+1}=c-\dfrac{1}{a_n}$,得 $a_{n+1}<c$。故 $\{a_n\}$ 单调递增有界,其极限存在。

令 $a=\lim\limits_{n\to+\infty}a_n$,由 $a_{n+1}=c-\dfrac{1}{a_n}$,得 $\lim\limits_{n\to+\infty}a_{n+1}=\lim\limits_{n\to+\infty}\left(c-\dfrac{1}{a_n}\right)$,即 $a=c-\dfrac{1}{a}$,于是 $c=a+\dfrac{1}{a}$。

又 $c\leqslant\dfrac{10}{3}$,即 $a+\dfrac{1}{a}\leqslant\dfrac{10}{3}$,则 $a\leqslant 3$。因 $a_n<a$,故 $a_n<3$。

由上,知 $2<c\leqslant\dfrac{10}{3}\Leftrightarrow a_n<a_{n+1}<3$。

综上,c 的取值范围是 $\left(2,\dfrac{10}{3}\right]$。

第二类:新定义类试题。

令 $\alpha\in\mathbb{C}$。称 α 为代数数,如果存在不全为零的整数 $a_0,a_1,\cdots,a_n$,使得
$$a_0+a_1\alpha+\cdots+a_n\alpha^n=0$$
否则称 α 为超越数。例如,$\sqrt{2}$ 和 $\sqrt[3]{3}+\sqrt[5]{5}$ 是代数数,而 π 和 e 是超越数。

(1)$\sqrt{2}+\sqrt{3}$ 是不是代数数?

(2)证明:$\tan 1°$ 是代数数。

解:

(1)令 $x=\sqrt{2}+\sqrt{3}$,则 $x^2=5+2\sqrt{6}\Rightarrow x^2-5=2\sqrt{6}\Rightarrow x^4-10x^2+25=24$,于是 $\sqrt{2}+\sqrt{3}$ 是整系数方程 $x^4-10x^2+1=0$ 的根,从而 $\sqrt{2}+\sqrt{3}$ 是代数数。

(2)令 $a_n=\tan n°$,$\alpha=\tan 1°$。

又 $a_{n+1}=\tan(n+1)°=\dfrac{\tan 1°+\tan n°}{1-\tan 1°\tan n°}=\dfrac{\alpha+a_n}{1-\alpha a_n}$,逐次迭代,有 $1=a_{45}=\dfrac{u(\alpha)}{v(\alpha)}$,于是 $u(\alpha)-v(\alpha)=0$,这里 $u(x),v(x)$ 为整系数多项式,并且 $u(x)-v(x)\neq 0$。

令 $f(x) = u(x) - v(x)$，则 α 为整系数方程 $f(x)=0$ 的根，故 $\tan 1°$ 是代数数。

5.8 培优练习八

一、试题

（1）若 $\left(ax^2 - 8x + 20\right)e^x - \dfrac{1}{3}x^3 - (a+2)x^2 - 12x - 20 \geqslant 0$ 恒成立，求 a 的取值范围。

（2）若 $\left(x - a - \dfrac{6}{x}\right)\ln(x+1) + 3x + 6 > 0$ 恒成立，求 a 的取值范围。

（3）若 $x > 0$ 时，不等式 $\ln(x+1) > \dfrac{x^2}{e^x - a}$ 恒成立，求实数 a 的取值范围。

（4）证明：当 $x > 0$ 时，有 $\ln(x+1) > \dfrac{x^2}{e^x - 1}$。

二、培优练习八参考解答

（1）若 $\left(ax^2 - 8x + 20\right)e^x - \dfrac{1}{3}x^3 - (a+2)x^2 - 12x - 20 \geqslant 0$ 恒成立，求 a 的取值范围。

解法一：

令 $f(x) = \left(ax^2 - 8x + 20\right)e^x - \dfrac{1}{3}x^3 - (a+2)x^2 - 12x - 20$，则 $f(0) = 0$。

原命题成立，当且仅当 $f(x)$ 在 $x = 0$ 处取得最小值。

$f'(x) = \left[ax^2 + (2a-8)x + 12\right]e^x - x^2 - 2(a+2)x - 12$，$f'(0) = 0$；

$f''(x) = \left[ax^2 + (4a-8)x + 2a+4\right]e^x - 2x - (2a+4)$，$f''(0) = 0$；

$f'''(x) = \left[ax^2 + (6a-8)x + 6a-4\right]e^x - 2$。

令 $f'''(0) = 6a - 6 = 0$，得 $a = 1$，有

$f(x) = \left(x^2 - 8x + 20\right)e^x - \dfrac{1}{3}x^3 - 3x^2 - 12x - 20$

$f'(x) = \left(x^2 - 6x + 12\right)e^x - x^2 - 6x - 12$

$f''(x) = \left(x^2 - 4x + 6\right)e^x - 2x - 6$

$f'''(x) = \left(x^2 - 2x + 2\right)e^x - 2$

$f^{(4)}(x) = x^2 e^x$

如表 5-10 所示。

表 5-10 函数取值变化

x	$(-\infty,0)$	0	$(0,+\infty)$
$f^{(4)}(x)$	+	0	+
$f'''(x)$	−	0	+
$f''(x)$	+	0	+
$f'(x)$	−	0	+
$f(x)$	+	0	+

综上，$a=1$。

解法二：

由 $\left(ax^2-8x+20\right)\mathrm{e}^x-\dfrac{1}{3}x^3-(a+2)x^2-12x-20 \geqslant 0$，

得 $ax^2\left(\mathrm{e}^x-1\right) \geqslant \dfrac{1}{3}x^3+2x^2+12x+20+(8x-20)\mathrm{e}^x$。

当 $x>0$ 时，有 $a \geqslant \dfrac{\dfrac{1}{3}x^3+2x^2+12x+20+(8x-20)\mathrm{e}^x}{x^2\left(\mathrm{e}^x-1\right)}$，

进而 $a \geqslant \lim\limits_{x \to 0} \dfrac{\dfrac{1}{3}x^3+2x^2+12x+20+(8x-20)\mathrm{e}^x}{x^2\left(\mathrm{e}^x-1\right)}$；

当 $x<0$ 时，有 $a \leqslant \dfrac{\dfrac{1}{3}x^3+2x^2+12x+20+(8x-20)\mathrm{e}^x}{x^2\left(\mathrm{e}^x-1\right)}$，

进而 $a \leqslant \lim\limits_{x \to 0} \dfrac{\dfrac{1}{3}x^3+2x^2+12x+20+(8x-20)\mathrm{e}^x}{x^2\left(\mathrm{e}^x-1\right)}$。

由上，得

$a = \lim\limits_{x \to 0} \dfrac{\dfrac{1}{3}x^3+2x^2+12x+20+(8x-20)\mathrm{e}^x}{x^2\left(\mathrm{e}^x-1\right)}$ $\left(\dfrac{0}{0}\text{型，分子分母分别求导}\right)$

$= \lim\limits_{x \to 0} \dfrac{x^2+4x+12+(8x-12)\mathrm{e}^x}{\left(x^2+2x\right)\mathrm{e}^x-2x}$ $\left(\dfrac{0}{0}\text{型，分子分母分别求导}\right)$

$$= \lim_{x \to 0} \frac{2x+4+(8x-4)\mathrm{e}^x}{(x^2+4x+2)\mathrm{e}^x-2} \quad \left(\frac{0}{0}\text{型，分子分母分别求导}\right)$$

$$= \lim_{x \to 0} \frac{2+(8x+4)\mathrm{e}^x}{(x^2+6x+6)\mathrm{e}^x} = 1$$

当 $a=1$ 时，有

$f(x) = (x^2-8x+20)\mathrm{e}^x - \frac{1}{2}x^3 - 3x^2 - 12x - 20$

$f'(x) = (x^2-6x+12)\mathrm{e}^x - x^2 - 6x - 12$

$f''(x) = (x^2-4x+6)\mathrm{e}^x - 2x - 6$

$f'''(x) = (x^2-2x+2)\mathrm{e}^x - 2$

$f^{(4)}(x) = x^2 \mathrm{e}^x$

如表 5-11 所示。

表 5-11 函数取值变化

x	$(-\infty, 0)$	0	$(0, +\infty)$
$f^{(4)}(x)$	+	0	+
$f'''(x)$	−	0	+
$f''(x)$	+	0	+
$f'(x)$	−	0	+
$f(x)$	+	0	+

综上，$a=1$。

（2）若 $\left(x-a-\dfrac{6}{x}\right)\ln(x+1) + 3x + 6 > 0$ 恒成立，求 a 的取值范围。

解：

由 $\left(x-a-\dfrac{6}{x}\right)\ln(x+1) + 3x + 6 > 0$，得 $a\ln(x+1) < 3x+6+\left(x-\dfrac{6}{x}\right)\ln(x+1)$。

当 $x \in (-1, 0)$ 时，$a > \dfrac{3x+6+\left(x-\dfrac{6}{x}\right)\ln(x+1)}{\ln(x+1)}$，进而 $a \geqslant \lim\limits_{x \to 0} \dfrac{3x+6+\left(x-\dfrac{6}{x}\right)\ln(x+1)}{\ln(x+1)}$；

当 $x \in (0, +\infty)$ 时，$a < \dfrac{3x+6+\left(x-\dfrac{6}{x}\right)\ln(x+1)}{\ln(x+1)}$，进而 $a \leqslant \lim\limits_{x \to 0} \dfrac{3x+6+\left(x-\dfrac{6}{x}\right)\ln(x+1)}{\ln(x+1)}$。

由上，有

$$a = \lim_{x \to 0} \frac{3x+6+\left(x-\dfrac{6}{x}\right)\ln(x+1)}{\ln(x+1)} \quad \left(\frac{0}{0}\text{型}\right)$$

$$= \lim_{x \to 0} \frac{3x^2+6x+(x^2-6)\ln(x+1)}{x\ln(x+1)} \quad \left(\frac{0}{0}\text{型，分子分母分别求导}\right)$$

$$= \lim_{x \to 0} \frac{6x+6+2x\ln(x+1)+\dfrac{x^2-6}{x+1}}{\ln(x+1)+\dfrac{x}{x+1}} \quad \left(\frac{0}{0}\text{型}\right)$$

$$= \lim_{x \to 0} \frac{7x^2+12x+2x(x+1)\ln(x+1)}{x+2(x+1)\ln(x+1)} \quad \left(\frac{0}{0}\text{型，分子分母分别求导}\right)$$

$$= \lim_{x \to 0} \frac{12+16x+(4x+2)\ln(x+1)}{2+\ln(x+1)} = 6$$

下面验证：当 $a=6$ 时，$\left(x-6-\dfrac{6}{x}\right)\ln(x+1)+3x+6>0$ 恒成立。

令 $f(x)=(x^2-6x-6)\ln(x+1)+3x^2+6x$，有

$$f'(x)=(2x-6)\ln(x+1)+7x+\frac{1}{x+1}-1$$

$$f''(x)=2\ln(x+1)-\frac{8}{x+1}-\frac{1}{(x+1)^2}+9$$

$$f'''(x)=\frac{2(x^2+6x+6)}{(x+1)^3}$$

如表 5-12 所示。

表 5-12 函数取值变化

x	$(-1,0)$	0	$(0,+\infty)$
$f'''(x)$	+	+	+
$f''(x)$	−	0	+
$f'(x)$	+	0	+
$f(x)$	−	0	+

由上知，

当 $x \in (-1, 0)$ 时，不等式 $(x^2 - 6x - 6)\ln(x+1) + 3x^2 + 6x < 0$ 恒成立，也就是不等式 $\left(x - 6 - \dfrac{6}{x}\right)\ln(x+1) + 3x + 6 > 0$ 恒成立；

当 $x \in (0, +\infty)$ 时，不等式 $(x^2 - 6x - 6)\ln(x+1) + 3x^2 + 6x > 0$ 恒成立，也就是不等式 $\left(x - 6 - \dfrac{6}{x}\right)\ln(x+1) + 3x + 6 > 0$ 恒成立。

综上，$a = 6$。

（3）若 $x > 0$ 时，不等式 $\ln(x+1) > \dfrac{x^2}{e^x - a}$ 恒成立，求实数 a 的取值范围。

第一步：证明 $e^x - a > 0$ 恒成立。

因不等式 $\ln(x+1) > \dfrac{x^2}{e^x - a}$ 恒成立，故 $e^x - a \neq 0$ 恒成立，于是 $e^x - a > 0$ 恒成立。若存在 $x_0 > 0$，使得 $e^{x_0} - a \leq 0$，则 $a \geq e^{x_0} > 1$。取 $x = \ln a$，则 $\dfrac{x^2}{e^x - a}$ 无意义，矛盾。

第二步：由 $e^x - a > 0$ 恒成立，得 $a < e^x$ 恒成立，于是 $a \leq 1$。

第三步：验证 $\ln(x+1) > \dfrac{x^2}{e^x - a}$。

注意到 $\dfrac{x^2}{e^x - 1} \geq \dfrac{x^2}{e^x - a}$，只需验证 $\ln(x+1) > \dfrac{x^2}{e^x - 1}$ 即可。因 $\ln(x+1) > \dfrac{x^2}{e^x - 1} \Leftrightarrow \dfrac{e^x - 1}{x} > \dfrac{x}{\ln(x+1)} \Leftrightarrow \dfrac{e^x - 1}{x} > \dfrac{e^{\ln(x+1)} - 1}{\ln(x+1)}$，易证函数 $\dfrac{e^x - 1}{x}$ 单调递增，而 $x > \ln(x+1)$，故 $\dfrac{e^x - 1}{x} > \dfrac{e^{\ln(x+1)} - 1}{\ln(x+1)}$。

综上，$a \leq 1$。

（4）证明：当 $x > 0$ 时，有 $\ln(x+1) > \dfrac{x^2}{e^x - 1}$。

证明一：直接证明 $(e^x - 1)\ln(x+1) - x^2 > 0$。

证明二：利用帕德逼近 $\ln(x+1) > \dfrac{2x}{x+2}$，证明 $\dfrac{2x}{x+2} > \dfrac{x^2}{e^x - 1}$。

证明三：利用泰勒逼近 $e^x > 1 + x + \frac{1}{2}x^2$，证明 $e^x - 1 > x + \frac{1}{2}x^2 > \frac{x^2}{\ln(x+1)}$。

证明四：因 $\ln(x+1) > \frac{x^2}{e^x - 1} \Leftrightarrow \frac{e^x - 1}{x} > \frac{x}{\ln(x+1)} \Leftrightarrow \frac{e^x - 1}{x} > \frac{e^{\ln(x+1)} - 1}{\ln(x+1)}$，易证函数 $\frac{e^x - 1}{x}$ 单调递增，而 $x > \ln(x+1)$，故 $\frac{e^x - 1}{x} > \frac{e^{\ln(x+1)} - 1}{\ln(x+1)}$。

5.9 培优练习九

一、试题

（1）令曲线 $C_1: y = x^2 + ax + b$，曲线 $C_2: y = \ln x$。如果两条曲线有公切线，给出 a 和 b 满足的关系。

（2）已知抛物线 $C_1: y = -x^2 - \frac{1}{2}$ 和抛物线 $C_2: y = x^2 + 2ax$，其中 a 为实数。如果直线 l 同时是 C_1 和 C_2 的切线，那么称 l 是 C_1 和 C_2 的公切线。相应地，公切线上两个切点之间的线段成为公切线段。

①当 a 为何值时，C_1 和 C_2 有且仅有一条公切线？

②证明：若 C_1 和 C_2 有两条公切线，则这两条公切线段互相平分。

二、培优练习九参考解答

（1）令曲线 $C_1: y = x^2 + ax + b$，曲线 $C_2: y = \ln x$。如果两条曲线有公切线，给出 a 和 b 满足的关系。

略解：

两条曲线有公切线 $\Leftrightarrow x^2 + ax + b \geq \ln x$ 恒成立 $\Leftrightarrow b \geq \ln x - x^2 - ax$ 恒成立 $\Leftrightarrow b \geq (\ln x - x^2 - ax)_{\max} \Leftrightarrow b \geq \ln \frac{\sqrt{a^2 + 8} - a}{4} + \left(\frac{\sqrt{a^2 + 8} - a}{4}\right)^2 - 1$。

详解：

曲线 $C_1: y = f(x) = x^2 + ax + b$，$f''(x) = 2 > 0$，$C_1$ 向下凸；

曲线 $C_2: y = g(x) = \ln x$，$g''(x) = -\dfrac{1}{x^2} < 0$，$C_2$ 向上凸；

直线 $l: y = h(x) = g'(t)(x-t) + g(t) = \dfrac{x}{t} + \ln t - 1$。

显然，l 是 C_2 在 $x = t$ 处的切线。

下列命题等价：

① l 是 C_1 的切线；

② $F(x) = f(x) - h(x) = x^2 + \left(a - \dfrac{1}{t}\right)x + b - \ln t + 1$ 的最小值为 0；

③ 令 $F'(x) = 2x + a - \dfrac{1}{t} = 0$，得 $x = -\dfrac{1}{2}\left(a - \dfrac{1}{t}\right)$。代入 $F(x)$，得 $F(x)$ 的最小值函数

$$G(t) = \left[-\dfrac{1}{2}\left(a - \dfrac{1}{t}\right)\right]^2 - \dfrac{1}{2}\left(a - \dfrac{1}{t}\right)^2 + b - \ln t + 1 = -\dfrac{1}{4}\left(a - \dfrac{1}{t}\right)^2 + b - \ln t + 1$$

必存在 $t \in (0, +\infty)$，使得 $G(t) = 0$。

易证三个命题的等价性，我们来研究命题③。

因 $G(+\infty) < 0$，只需 $G(t)_{\max} \geq 0$，必存在 $t \in (0, +\infty)$，使得 $G(t) = 0$。

又 $G'(t) = \dfrac{1 - at - 2t^2}{2t^3}$，令 $G'(t) = 0$，得 $a = \dfrac{1}{t} - 2t$。

代入 $G(t)$，得 $G(t)$ 的最大值 $G(t)_{\max} = b - t^2 - \ln t + 1$。

由 $a = \dfrac{1}{t} - 2t$，得 $t = \dfrac{\sqrt{a^2 + 8} - a}{4}$，代入 $G(t)_{\max}$，得

$$G(t)_{\max} = b - \ln \dfrac{\sqrt{a^2 + 8} - a}{4} - \left(\dfrac{\sqrt{a^2 + 8} - a}{4}\right)^2 + 1$$

于是 $G(t)_{\max} \geq 0 \Leftrightarrow b \geq \ln \dfrac{\sqrt{a^2 + 8} - a}{4} + \left(\dfrac{\sqrt{a^2 + 8} - a}{4}\right)^2 - 1$。

综上，$b \geq \ln \dfrac{\sqrt{a^2 + 8} - a}{4} + \left(\dfrac{\sqrt{a^2 + 8} - a}{4}\right)^2 - 1 \Leftrightarrow G(t)_{\max} \geq 0 \Leftrightarrow$ 命题③成立 $\Leftrightarrow$ 命题②成立 $\Leftrightarrow$ 命题①成立 $\Leftrightarrow$ 两条曲线 C_1 和 C_2 有公切线。

（2）已知抛物线 $C_1: y = -x^2 - \dfrac{1}{2}$ 和抛物线 $C_2: y = x^2 + 2ax$，其中 a 为实数。如果直线 l

同时是 C_1 和 C_2 的切线,那么称 l 是 C_1 和 C_2 的公切线。相应地,公切线上两个切点之间的线段成为公切线段。

①当 a 为何值时,C_1 和 C_2 有且仅有一条公切线?

②证明:若 C_1 和 C_2 有两条公切线,则这两条公切线段互相平分。

解:

①设 $P_1\left(x_1, -x_1^2 - \dfrac{1}{2}\right)$ 为 C_1 上的点,则经过该点的切线 l_1 的斜率为 $-2x_1$,而切线方程为 $y - \left(-x_1^2 - \dfrac{1}{2}\right) = -2x_1(x - x_1)$,即 $l_1: y = -2x_1 x + x_1^2 - \dfrac{1}{2}$。

设 $P_2(x_2, x_2^2 + 2ax_2)$ 为 C_2 上的点,则经过该点的切线 l_2 的斜率为 $2x_2 + 2a$,而切线方程为 $y - (x_2^2 + 2ax_2) = (2x_2 + 2a)(x - x_2)$,即 $l_2: y = 2(x_2 + a)x - x_2^2$。

于是,C_1 和 C_2 有且仅有一条公切线,当且仅当存在唯一的切点 $P_1 \in C_1$ 和唯一的切点 $P_2 \in C_2$,使得经过它们的切线 $l_1 = l_2$。

要使得 $l_1 = l_2$,只需

$$\begin{cases} -2x_1 = 2(x_2 + a) \\ x_1^2 - \dfrac{1}{2} = -x_2^2 \end{cases} \Leftrightarrow \begin{cases} x_1 + x_2 = -a \\ x_1^2 + x_2^2 = \dfrac{1}{2} \end{cases} \Leftrightarrow \begin{cases} x_1 + x_2 = -a \\ x_1 x_2 = \dfrac{2a^2 - 1}{4} \end{cases}$$

此时 x_1 和 x_2 均为一元二次方程 $x^2 + ax + \dfrac{2a^2 - 1}{4} = 0$ 的根。

反之,若 x_1 和 x_2 均为一元二次方程 $x^2 + ax + \dfrac{2a^2 - 1}{4} = 0$ 的根,则 C_1 和 C_2 有经过切点 $P_1\left(x_1, -x_1^2 - \dfrac{1}{2}\right)$ 和 $P_2(x_2, x_2^2 + 2ax_2)$ 的公切线,且 C_1 和 C_2 还有经过切点 $P_1'\left(x_2, -x_2^2 - \dfrac{1}{2}\right)$ 和 $P_2'(x_1, x_1^2 + 2ax_1)$ 的公切线。

由上知,C_1 和 C_2 有且仅有一条公切线,当且仅当一元二次方程 $x^2 + ax + \dfrac{2a^2 - 1}{4} = 0$ 有重根。由于该方程的判别式 $\Delta = 1 - a^2$,因此 C_1 和 C_2 有且仅有一条公切线的充分必要条件是 $\Delta = 0$,即 $a = \pm 1$。

②由①可知,当 $\Delta = 1 - a^2 > 0$ 即 $|a| < 1$ 时,C_1 和 C_2 有两条公切线,一条切线上两个切

点的坐标分别是 $P_1\left(x_1,-x_1^2-\dfrac{1}{2}\right)$ 和 $P_2\left(x_2, x_2^2+2ax_2\right)$，这里 x_1 和 x_2 为 $x^2+ax+\dfrac{2a^2-1}{4}=0$ 的相异二实根。于是公切线段 P_1P_2 的中点坐标为

$$\left(\dfrac{x_1+x_2}{2},\dfrac{-x_1^2-\dfrac{1}{2}+x_2^2+2ax_2}{2}\right)=\left(\dfrac{x_1+x_2}{2},\dfrac{2a(x_1+x_2)-1}{4}\right)=\left(-\dfrac{a}{2},-\dfrac{2a^2+1}{4}\right)$$

同理，公切线段 $P_1'P_2'$ 的中点坐标也是 $\left(-\dfrac{a}{2},-\dfrac{2a^2+1}{4}\right)$。

由此可见，两条公切线段的中点重合，也就是这两条公切线段互相平分。

参考文献

[1] 李伟,高隆昌.数学思想赏析[M].2 版.成都：西南交通大学出版社，2016.

[2] 高隆昌,李伟.数学及其认识[M].2 版.成都：西南交通大学出版社，2011.

[3] 张顺燕.数学的思想、方法和应用(文科类高等数学)[M].北京：北京大学出版社，1997.

[4] 赵思林.高考数学解题分析[M].成都：四川大学出版社，2011.

[5] 叶正道,孙运才,陈友文.逐题落实·高考数学(理)[M].武汉：长江出版传媒崇文书局，2018.

[6] 刘喜荣.一题一课高中数学(高考热点追踪)[M].杭州：浙江大学出版社，2016.

[7] 中国高考报告委员会.高考试题分析·2022·数学[M].北京：现代教育出版社，2021.

[8] 教育部考试中心.2019 年普通高等学校招生全国统一考试大纲的说明(理科)[M].北京：高等教育出版社，2018.